智元微库
OPEN MIND

成长也是一种美好

让每一个孩子发光

创建优质家校关系的
33个方法

刘永奇 | 著

人民邮电出版社

北京

图书在版编目（CIP）数据

让每一个孩子发光 ： 创建优质家校关系的 33 个方法 / 刘永奇著 . -- 北京 ： 人民邮电出版社，2024. -- ISBN 978-7-115-65202-7

Ⅰ．G459

中国国家版本馆 CIP 数据核字第 20242QG224 号

◆ 著　刘永奇
　　责任编辑　刘艳静
　　责任印制　周昇亮

◆人民邮电出版社出版发行　　北京市丰台区成寿寺路 11 号

邮编 100164　电子邮件 315@ptpress.com.cn

网址 https://www.ptpress.com.cn

北京天宇星印刷厂印刷

◆开本：880×1230　1/32

印张：9　　　　　　　　　　　2024 年 12 月第 1 版

字数：200 千字　　　　　　　2024 年 12 月北京第 3 次印刷

定　价：59.80 元

读者服务热线：（010）67630125　印装质量热线：（010）81055316
反盗版热线：（010）81055315

广告经营许可证：京东市监广登字 20170147 号

孩子们身上原本是发着光的

周其凤

中国科学院院士

北京大学原校长

北京大学关心下一代专家委员会主任

打开刘永奇校长的新作《让每一个孩子发光》，首先映入我眼帘的是"看见孩子"四个大字！

哪个校长看不见孩子？哪个老师看不见孩子？哪个家长看不见孩子？是的，校长、老师、家长，他们全都看见了孩子。

可又为什么有成语说"视而不见""视若无睹""熟视无睹"？

细细想来，我们成人眼中的孩子，是用成人的眼睛观察，经过了成人的大脑加工后得到的虚像。成人的眼睛和大脑，都是经过了岁月的浸染，已经丢失了其原有纯真本性的眼睛和大脑。在成人的眼中，孩子的色彩和形象是被扭曲了的；在成人的大脑中，孩子应该按照成人的样子扭曲起来，一个个变得像成人自己一样被岁月浸染扭曲而失去了本真的人。

刘永奇校长从事基础教育三十年。这本《让每一个孩子发光》

是他三十年教育实践经验的总结和对教育对象孩子们细心观察和深入研究的结果。大人们蹲下身子平视孩子，就会看到孩子的本真和他们求索世界的渴望，就会看到孩子身上闪烁着的光。在本书中，作者从五个方面总结了他的观察和体验，展示了他所经历的无数案例及其背后的逻辑，值得读者细细品味、学习和借鉴。

　　作者特别强调要"让孩子看到自身的气质与气象"。他说，"决定一个人能否成功的，远不只是知识和技巧，甚至不只是聪慧程度。这些因素，虽然在考试和升学的道路上显得至关重要，但它们并不是决定一个人生活高度的根本。真正决定一个人能走多远的，是他内心深处的人生观、价值观和世界观，是他对生活的态度，是那颗坚韧不拔、充满激情的心。这些正是一个人的气质和修养的直接体现。"孩子们身上原本是发着光的。要让孩子们自己知道，要让孩子们的老师知道，要让孩子们的家长知道。孩子们的光是多么珍贵，是多么需要大人们的认可和爱护哟！

　　是为序。

陪伴孩子是人生最好的"投资"

俞敏洪

新东方教育科技集团董事长

教育不仅是知识的传递，更是心灵的塑造。在教育的浩瀚星空中，每一个孩子都是闪亮的星辰。《让每一个孩子·发光》这本书，正是这样一部致力于挖掘和展现孩子成长潜力的佳作。

教育的核心在于尊重和理解孩子的独特性。无论是家庭还是学校，我们都应当从孩子的角度出发，用心去"看见"他们的内在世界。本书前言中提到的孩子们在校园里的表现，正是家庭和学校教育共同作用的结果。我很赞同。教育的真正力量，就在于帮助每一个孩子在个人成长旅程中找到属于自己的光芒。

书中深入探讨了家长和教师如何划清责任边界，使每一方都能在各自角色中发挥最大作用。这种方法不仅尊重了孩子的成长需求，也为他们自主编织成长故事提供了必要的空间。我一直认为，孩子的成长不应只依赖父母或教师的单方面努力，而是家长、教师与孩子合作的过程。通过明确的责任划分，让孩子能够在安全和自由的环境中探索自我，学会对自己的行为负责，从而培养其独立思考和发展的能力。

父亲和母亲在孩子成长中扮演着同等重要的角色。父母只有在日常生活中放下权威，真正陪伴、理解和关注孩子，才能成为他们的榜样，并传递温和、沉稳、不急躁及友好的相处态度。因此，父母双方需要在陪伴、引导和包容方面达成教育共识。同时，父母应给予孩子三样东西：时间、榜样和支持，并持有三种态度：重视过程、鼓励成长和尊重个性。

书中关于安全感的讨论也非常值得关注。正如卡尔·荣格所指出的，我们每个人都渴望在生活中找到安全感和自我价值。家庭是孩子获得安全感的关键场所，和谐的家庭关系和父母的支持对孩子的心理发展至关重要。如书中所述，母亲稳定的情绪、井然有序的个性以及与孩子共同阅读的习惯，会给予孩子温暖的呵护，帮助孩子形成坚韧、从容和厚重的品质。

父亲在孩子成长中的角色同样独特而重要。他们的陪伴和支持，不仅在孩子的智力发展和社交能力上产生积极影响，还能为孩子提供强大的安全感和自信心。研究表明，父亲对育儿过程的积极参与能够有效促进孩子的综合能力，而父亲的情感支持和理性指导则为孩子建立了坚实的自我认同感和稳定的内心世界。因此，父亲培养自己正直、开朗的个性和担当精神尤为重要。

作为父亲，还应该具备探索和钻研的精神，带领孩子一起探索未知的世界。通过旅行、参与具有挑战性的体育活动以及进行科学探索，父亲能够引导孩子接触更广阔的领域。这些经历不仅在潜移默化中帮助孩子培养思考和探索世界的习惯，还能引领他们深入世界的更深处。

我想对所有的父亲说，在孩子的成长过程中，给予孩子更多的时间，与他们深入交流和探讨，并带他们走出家门探索世界，这些努力绝对值得。这不仅是一种投资，更是一种永远不会后悔的投资。当父亲将时间投入到陪伴孩子中时，未来所获得的幸福感的回报将远远超过最初的时间投入。

本书不仅提供了实用的教育方法，更传递了深刻的教育智慧。永奇校长是充满教育情怀和智慧的教育者，他在书中阐述的教育理念不仅对家长和教师具有借鉴意义，也为所有关心孩子成长的人提供了参考。教育是一场持久的旅程，需要我们用心去发现、引导。《让每一个孩子发光》为实现这一愿景提供了实际的路径。陪伴孩子一路成长，对父母和老师来说，都是一个不断自我完善、自我学习和自我提升的过程。我衷心推荐这本书，希望它能成为您在教育孩子的道路上的一盏明灯，照亮前行的道路。

人工智能驱动的教育创新与家校合作

吴文峻

北京航空航天大学教授、博士生导师

国家人工智能标准总体组副组长

国务院学位办智能科学与技术学科评议组专家

在人工智能飞速发展的今天，教育领域正面临前所未有的机遇与挑战。技术的发展不仅为学习方式带来了革命性的变革，也为每一位孩子的潜能发掘提供了无限可能和广阔的空间。在这个背景下，刘永奇校长以深刻的洞察力，反思了传统教育模式，探索了未来教育的新路径。书中提出的观点，如利用 AI 赋能自主学习、梳理知识结构，以及构建开放包容的学习环境，都是未来教育不可或缺的一部分。

在这本书中，作者深入剖析了如何在尊重每个孩子独特性的同时，利用先进技术促进个性化学习，激发兴趣与创造力。这一理念与我在群体智能领域的研究成果相得益彰。群体智能的应用能够为教育实践提供有力支持，无论是在群体中还是在个体学习中，适当的方法和技术支持可以不断丰富我们的教育方式，帮助每位学习者实现自我价值的最大化。通过使用人工智能技术，教育者不仅能够为学生提供量身定制的学习资源，还能够实时跟踪学生的学习进度，识别其优缺点，从而进行精准的指导和支持。北京市发布的《北京市教育领域人工智能应用工作方案》中明确提出要"面向全市中小学推广 AI 学伴和 AI 导学应用"，作者在书中提到的 AI 赋能教育的实例，正是教育人工智能时代变革的有力体现。这些实践不仅提升了教育的效率，也增强了学生的学习体验，让他们在参与中发现乐趣，从而激发出更强的学习动力。

书中特别强调，教育不应只是知识的灌输，更应是能力的培养。在未来的教育中，如何培养具备批判性思维、创造性解决问题能力和跨学科知识的学生，将是我们面临的重要课题。此外，书中还探讨了在教育过程中如何平衡科技与人文关怀。尽管技术在教育中扮演着越来越重要的角色，但我们不能忽视教育的本质——关心和理解每一个孩子的成长需求。教育者在运用技术时，应始终将孩子的身心发展放在首位，确保每个孩子都能在一个支持性强、富有包容性的环境中成长。

对于所有关心教育未来、致力于推动教育创新的人来说，本书无疑是一份宝贵的资源。它提醒我们，在追求科技进步的同时，不应忘记教育最本质的目的——让每一个生命都能绽放出属于自己的光芒。

看见孩子

因为工作的关系，我经常到中小学校观摩学习。除了聆听学校的报告，我还会把注意力放到孩子们身上，因为在我的教育理念中，孩子是校园学习和生活的主角，他们的一言一行和精神状貌，从某种程度上能够映射出学校教育和家庭教育的双重影响。

身为九年一贯制学校校长，同时又是孩子的父亲，我在长达近30年的教育实践中深刻领悟到，看见孩子，不仅是教育的出发点，更是教育的最终归宿。从细致观察并尊重孩子的个性特质、发展需求开始，到引导孩子发现自我、释放潜能，直至在让孩子实现终身成长的过程中，我们要始终确保孩子居于教育的中心地位。

在校园里，看到孩子们在绿茵场上自由欢跃的身影，以及与来访嘉宾热情挥手致意的场景，我能感受到他们在校园生活中洋溢出的快乐气息，也能够真切地感知到家庭环境的温馨氛围及其赋予他们的安全感。

在与孩子们交谈互动时，我发现有的孩子自信洒脱，言谈举止得体、逻辑严谨，见识广博，能够在对话时挥洒自如，举重若轻；而有的孩子则眼神闪烁，回避目光接触，流露出羞涩与紧张情绪。

这固然体现了孩子们的个性差异，但同时也与他们所接受的学校教育和家庭教育息息相关——学校是否为孩子们提供了广阔的成长平台与充足的展示自我的机会，父母在孩子成长过程中的陪伴质量及沟通交流的方式如何。可以说，是家校双方共同塑造了孩子们在社交场合中的行为表现与心理状态。

因此，唯有家庭与学校构建起牢固的合作联盟，从"看见孩子"出发，共同为孩子的成长规划路径，引导他们在生活与学习中深入探索内心世界，勇于表达个性，编织属于自己的成长故事，孩子方能在时代洪流中找到自己的定位与自身存在的独特价值，并由此孕育出人生的深刻意义感与价值观。

孩子的成长离不开家庭教育、学校教育，甚至社会教育。然而，在"双减"政策和新课程改革的大背景下，许多家长对于学校教育的新变化尚不明确，因此在家庭教育上仍然沿袭旧有的模式，或者面对孩子出现的各种问题，无法坚定教育方向与保持教育定力。

在本书中，我运用丰富的实例为读者呈现了"10 后"孩子们的学校生活，剖析了孩子们在新时代亟需塑造的一系列核心素养，包括但不限于自我管理、学会学习、批判质疑、责任担当、健全人格、实践创新等方面。同时，我进一步探讨了教育工作者与家长如何在学校、家庭和社会中创造教育契机，共同实施有效的教育方法，以期培养孩子适应未来发展与终身成长的正确价值观、必备品格和关键能力。

以下对各章内容要点做简单陈述。

第一章讲解"设立责任边界，促进孩子自主成长"。本章聚焦于"看见与尊重"的教育核心，从行为、语言、思想、时代、规则等五个方面划清家长、教师与孩子的责任界限，通过具体的教育方法培养孩子生活上的责任感和家庭生活中的规则意识。在此基础上，我们通过有效陪伴，既能给孩子以稳定的安全感，又能发现生活中蕴含的丰富的教育契机，从而为孩子营建一个和谐、民主、宽松又适于进取的成长环境。

第二章讲解"构建稳固的家校关系，形成教育合力"。在塑造孩子全面发展的教育版图中，孩子、家长与教师构成了一个坚不可摧的"黄金三角"。家访与家长会作为家校沟通的桥梁，不仅要发挥传统意义上的信息交换功能，更应成为激发孩子自我驱动力和自主学习意识的强有力的催化剂。日常沟通中，微信等现代通信手段成了家长与教师紧密协作的便捷载体，它们不仅促进了双方的即时互动，还加深了家长与教师对孩子成长动态的共同关注。

本章提出，为进一步深化家校合作，家长应主动寻求多元途径融入班级活动，如参与家长讲堂、家校志愿服务等，这不仅增强了家校联结，也为孩子树立了积极参与集体活动的榜样。在培养孩子的个性化成长路径上，家校双方需在拓宽视野、提升共情能力、引导青春期孩子心理健康以及认识并尊重孩子性别差异等多个维度上形成共识与合力。

　　第三章讲解如何帮助孩子编织成长故事。每个孩子都有自己的个性，每个孩子也都有自己的世界。从这个角度看，"长大成人"的提法是值得商榷的——孩子不是尚未长大的成人，而应被珍视为当下就有其独特存在意义的生命体。在这一理念的指引下，我们要鼓励孩子在班级中担任角色职责，参与生活中的实践活动，以此作为孩子社会化进程的加速器，让孩子们在实践中习得协作、领导与责任的真谛。同时，我们还将探讨如何引导孩子合理运用人工智能技术及相关高效工具助力自主学习。

　　第四章的关键词是"舞台"。表达与实践能力的开发和培养常常被教育领域低估，却蕴藏着无限潜能。在"舞台"上，孩子们在观众的目光与掌声中，不仅能显著增强自信心，还能锻炼出坚韧的心理承受力、团队合作精神以及高效的沟通表达能力。从话筒的持握到舞台站位的选择，从体态的训练到演讲稿的精心撰写，乃至应对舞台突发状况的能力，都是我们需要与孩子共同研究和实践的课题。

　　从更广泛的教育视角来看，社会与课堂都是孩子展示自我、锻炼能力的大舞台。在社交互动中，孩子们能学会自我表达，在交流中培养社交技能与自我认知；在课堂学习的积极参与和深入讨论中，孩子们又能锻炼分析问题、综合信息、做出评价的高级思维技能。这样的成长变化是立体多维的，它既接地气，紧贴生活实际，又充分融入社会，更能让孩子在实践中学习，在学习中成长，逐步成长为具有时代特色和社会责任感的个体。

　　第五章讲解如何培育聪明的学习者。我们的目标，是引导孩子超越单纯追求外界认可的"好孩子"标签，成长为具备独立思考能力和独到见解的"聪明学生"。具备前瞻性的家长与教师，应当秉持这样的教育视角，并遵循更优的教育路径。我们应保持审慎省思，"学习金字塔"的传统解读或许失之偏颇，"听讲仅能保留5%信息"这一说法值得重新审视。实际上，当学生具备积极主动的学习态度时，他们无论是聆听讲解还是阅读学习，都能取得显著成效。

　　为此，我们鼓励学生在听讲时采用康奈尔笔记法，这不仅是教孩子学会一种记笔记的技巧，更是一种在课堂上培养孩子总结、批判性思考、勾连、联想等高级思维技能的策略。

　　给别人讲授知识、运用追忆以提高记忆力、在复习时构建知识的系统框架，都是提升孩子学业成绩的有效方法。我们还会深入探讨如何从出题人和阅卷人的视角去准备考试，以及如何借助模仿写作来实现写作能力的飞跃。

　　作为一位由语文教师成长起来的校长，我内心深处最珍视并憧憬的，莫过于这样一幅温馨的教育图景：一家人围坐在柔和的灯光下，共读一本好书，彼此分享心得，让智慧与情感在静谧的夜晚流淌。

　　这样的图景，无疑是动人的瞬间，足以成就教育工作者的浪漫。

目录

第三章　编织成长故事，培养孩子独特的个性与才能

第四章　迈向生活的舞台，锻炼表达与实践能力

第一章

设立责任边界，
促进孩子自主成长

孟子曾训示："心勿忘，勿助长也。"这句话对我们作为教师和家长在孩子教育中的角色定位颇具启发性。

本书所说的"看见孩子"，就是"心勿忘"，是指教师和家长要对孩子成长的每一阶段保持敏锐的教育心，给予孩子持续的关注和陪伴，不在孩子的成长中缺位。

举一个反面例子，有的父亲因过于专注于事业或社交活动，对孩子的日常生活了解太少，甚至出现这样的尴尬状况：当被问及孩子目前就读哪个年级时，他们会一时语塞，犹豫不决地回答："好像是四年级吧……"继而不得不转头向孩子妈妈确认，"对吧？"这并非笑话，现实中的确有些家长（特别是父亲）在对子女的陪伴和教育中严重缺席。

我们要有意识地培养孩子的自我认知和责任感，让孩子按照自身规律和节奏成长；而不要越俎代庖，陷入揠苗助长的教育误区。

在学校教育中，有的班主任包揽一切，犹如保姆般事无巨细地掌控班级各项事务，无意间剥夺了孩子们自主历练和自我成长的机会；有的教师在课堂教学中，习惯于灌输知识，滔滔不绝地讲解，却忽视了给予学生充足的思考空间和探究机会。

在家庭日常互动中，父母也时常会在无意间模糊了与孩子之间的责任分界线，进而可能妨碍孩子独立性和责任感的养成。例如，有的家长会在晚间在家长微信群"求今天记事"或者问"今天的英语作业是什么"，然后再补充一句："我家娃是英语课代表，她说在黑板上写了今天的作业，但自己忘记写了什么了。"虽然这是很简单、很平常的事情，却反映出父母与孩子在责任归属上的混淆问题。

我们必须认识到，记录作业是孩子最基本的学习职责之一，就如同教师必须牢记自己的课程安排一样。倘若孩子某天确实遗忘或由于特殊情况未能记录，应当让他们学会主动采取措施，如利用电话手表、微信等方式自行联系同学获取作业信息，而不是依赖家长为其承担遗忘的后果。这样做才有助于孩子逐步树立起对自己行为负责的意识，并在实践中提升独立处理问题的能力。

这些情况类似于职场现象，当发现下属的表现不尽如人意时，缺乏管理意识的领导者习惯亲力亲为解决问题，而非花费时间和精力去培养和指导团队成员。而优秀的领导者则懂得通过赋能和激励下属来提升团队效能，不断强化下属的责任感。

家长需警惕过度干涉与替代，应秉持适度放手的原则，学会在教育过程中适时退后一步，以恰当的方式引导和鼓励孩子自我认知、自我成长，这样才能真正帮助孩子建立起责任感与内驱力。

要充分理解和践行这一教育理念，我们不仅要有智慧的远见卓识，更需具备敏锐而深刻的教育洞察力。

方法 1　明确界限：平衡父母与孩子的独立生活空间

心理学巨擘海灵格曾精辟地阐述道："一个健康的家庭必然蕴含着明晰的界限感。"这里的界限感，绝非仅停留在肤浅的感觉层面，它是一种深层次的自我觉察和他者认知，是构建人际关系理念的基石之一。在人际交往中，界限感能够使人尊重自己和他人的个体存在，明确自己和他人之间的权利和责任范围，既保护自己不受侵犯，也不侵犯他人的隐私与自由。

通过与大量孩子、家长的交流，我深刻地意识到，在父母与孩子的互动中，确立并尊重恰当的界限极其重要。倘若界限模糊不清，家长就极有可能无意间剥夺了孩子自我成长、独立探索的机会，限制了他们对责任和自主性的认知。成人之间保持界限或许相对容易，但家长在与孩子相处时，往往会在不经意间越过这一界线，以一种权威式的、不容置喙的口吻和孩子对话：

"我是你的监护人，你在我面前关门是什么意思？有什么要瞒着我的吗？"

"你都这么大了，还要那些玩具干什么？我昨天把它们送人了，家中要保持断舍离，需要和你商量吗？"

"我给你报了个数学辅导班，你要按时去上课，抓紧把成绩补上来。你数学这么差，为什么要征求你的意见？"

而支撑这些行为的理由，往往听起来冠冕堂皇："我做的一切都是为了孩子好。我管理他，替他安排，有什么不对吗？"然而，家长这样的做法可能正在无形中压抑孩子责任心的形成，阻碍他们学会理解和尊重界限，使他们难以成长为具有独立思考能力和责任感的个体。

□ 爱的围城：父母对子女干涉过度

很多父母对孩子的爱往往伴随着深切的关心和忧虑。然而，当这份关爱逾越了界限，它就可能转化为一种无形的控制，这不仅侵犯了孩子的个人空间，还可能对他们的心理成长造成不利影响。

中国青年报社社会调查中心对 3328 人进行的一项调查显示，76.5% 的人表示身边过度干涉子女的父母很多，其中 32.4% 的人认为这种情况非常普遍。调查数据显示，高达 90.2% 的人认为父母此类行为给子女带来了巨大的心理压力，并可能导致子女产生抵触情绪。这些数据揭示了家庭教育中广泛存在过度干涉和界限不明的问题，而且子女对此普遍持反对态度。值得注意的是，一种悖论式的循环随之浮现：当子女成为父母后，出于固化的思维模式和身为父母与生俱来的权威优势，他们自己也很可能继续沿袭这一过度干涉的教育方式，对下一代施加相似的压力和控制。

　　这种无所不在的干涉渗透到了孩子生活的各个角落，从生活习惯的养成、学业目标的达成，到升学志愿的选择、职业生涯的规划，再到社交圈子的建立、恋爱关系的发展，甚至是兴趣爱好的选择……不少父母出于对子女无私的爱与关切，不知不觉地跨越了适度干预的界线。有学生曾经这样向我倾诉："我妈妈对我处处都有要求，包括交朋友。为了防止我变坏，她以'头发不精神'为由把我唯一的好朋友也赶跑了。"

　　还有的家长甚至经常私自或强制查看孩子的手机微信聊天记录，孩子上了大学还被要求每天给家里打电话，报告一天的琐碎事情。更有甚者，有些家长为了防止孩子沉迷网络，在孩子的房间安装摄像头，而且对孩子的抗议振振有词："我安装摄像头监视你怎么了？你有多少隐私？我是你什么人？我不可以监控你？！"在这些家长的认知里，孩子仿佛是其无可争议的私人财物，孩子的一切都可以被家长掌控。

　　一些家长以爱为名对孩子进行全面的控制与监管，其深层原因在于家长的自私心理和强烈的控制欲，他们忽视了界限感和孩子应有的权益。这种过度规划和安排孩子生活、学习的做法，只会让孩子更加依赖家长，行事畏首畏尾、信心不足，丧失主动探索的意愿和勇气。

　　唯有尊重孩子的独立性，给予他们适度的空间与自主权，才能真正助力其健康成长。

□ 感知温度：构建父母与孩子间的共情桥梁

现实生活中流传着这样一句话："有一种冷叫作妈妈觉得你冷"。这句话背后所蕴含的是父母对孩子生活的细致关怀，但也反映出一种亲子间的代际差异——父母时常基于自身的视角和经验去揣测孩子的感受，力求满足自己的愿望，却忽视了孩子自己的真实感受与需求。

在小学低年级部的家长会上，我举过这样一个例子。当孩子在玩耍中不慎跌倒，为鼓励孩子坚强，我们会脱口而出："小男子汉，摔跤不疼。别哭！"但这样的安慰真的合适吗？毕竟，任何人都会在摔跤时感到疼痛，这是生理本能。心理学上将这种忽视他人真实感受的现象称为"虚假同感偏差"。这样只会让孩子陷入认知的迷茫：明明感到疼痛，爸爸却说不疼，这到底是怎么回事？明明感到疼为什么不能哭呢？

此刻，孩子真正渴求的是父母对他们情绪的认同和尊重。我给家长们的建议是这样回应："这里擦破了皮，肯定很疼。不过没关系，下次跑动时小心点就好了。来，咱们接着玩吧。"这样的回应，既认可了孩子的痛苦感受，又给予了孩子情感支持和正面的应对方法。孩子感受到了被理解和尊重，从而舒缓情绪，也更乐意接纳进一步的指导和建议。

知名作家周国平说："一切交往都有不可超越的最后界限……一

切麻烦和冲突都起于无意中想突破这个界限。"尤其在孩子成长的过程中，随着年龄的增长，他们的自我认知逐渐增强，与父母、老师的界限也应逐渐明晰。在此过程中，父母与老师既要提供充足的关爱、扶持与指导，又要学会适时放手，让孩子有机会自己面对和解决问题，从而培养其独立性。

□ 空间与自由：孩子成长的必备条件

在陪伴孩子成长的道路上，有一种父母的选择常常引发热议：全职陪伴孩子。在某次家长分享会上，有家长问我对此的看法。结合我的观察与思考，我认为这种方式并不适宜。

首先，当家长将全部精力都投注在孩子身上时，孩子的一举一动都在父母的监管之下，这种"无死角"的关注，虽然出自爱心，却无形中剥夺了孩子自主探索世界、体验生活的机会。孩子需要有自己的时间去发呆、听歌，甚至无所事事，享受片刻的宁静与空白，这些都是他们在成长过程中不可或缺的部分。然而，现实中有很多这样的父母，只要孩子进入他们的视线，他们的眼睛就会紧盯着孩子，连珠炮似地发出指示，控制孩子的言行举止："别把西瓜籽吐到桌子上！""不要直接把水果放到手心里，夹到盘子里用叉子吃！"很多父母是下意识地控制孩子。这种"微观管理"不仅让父母感到疲惫，孩子也会感到压力重重。

其次，过度的干预和指导会遏制孩子自我探索与独立思考的能力，使得他们如同被精心修剪的盆栽，逐渐被塑造成父母期望的模样。而由于缺乏自由选择权，一切都由家长做出安排，孩子的个性和喜好往往被忽视，他们的独立性和自主性也因此受到抑制，久而久之，便形成了对父母的过度依赖。

最后，全职陪伴孩子意味着父母可能会牺牲自己的工作、爱好和追求。然而，人是需要自我价值实现的：忙碌、勤奋而充实的父母，本身就是孩子的榜样。当父母和孩子之间的责任界限清晰后，父母也应该追求自己的兴趣和爱好，无论是爬山、垂钓、练习书法还是参与体育运动，这些活动都有助于释放压力，调整身心状态。毕竟，"父亲"不是男性的唯一标签，"母亲"也不是女性的唯一角色。正如杨绛先生说："我们仨，却不止三人"。在平衡自己作为母亲、妻子、学者的多重身份上，杨绛女士为我们做出了表率。父母除了作为孩子的养育者，也应活出自我，以此树立孩子对完整人生的认知和追求。

□ 分离的艺术：培养孩子独立的智慧

英国心理学家克莱尔曾说："父母真正的成功，在于让孩子尽早作为一个独立的个体，从你的生命中分离出去。这种分离越早，你就越成功。"这句话揭示了一个关键的教育理念：成功的父母，是那些能够适时放手，让孩子独立成长的父母。

那么，如何在亲子关系中实现这种有界限的守望，既能提供温暖的支持，又不至于为了培养孩子的独立性，把孩子推出怀抱呢？以下是我为家长提供的几点建议。

1. 把握行为边界——平衡关爱与自主

家长首先需要控制自己越界的冲动，不要事事都替孩子做主。要分清哪些是孩子的事，需要孩子做决定，家长不要干预；哪些事是家长该管的事，需要家长提醒孩子、与孩子商量。例如，孩子邀请哪些朋友参加自己的生日聚会，或者如何处理自己的玩具，都是孩子可以自主决定的事情。在这些非原则性的问题上，家长可以有意识地退后一步，让孩子自己做决定，这样可以持续激发孩子的自我决断力。而在关乎社会公德和公共秩序的问题上，如孩子在高铁或餐厅等公共场所奔跑、吵闹，家长则应该及时干预，教育和引导孩子了解并尊重个人与他人的界限，学会在公共场合行为得体。

我曾多次目睹焦虑的妈妈站在篮球训练场外，不停地对着孩子发出指令："别偷懒！动起来！""快跑！传球！"这些莫名其妙的场外指挥让场内的教练和孩子深感困扰，无所适从。如何训练孩子，教练有自己的训练计划，而且专业性比妈妈强，妈妈实在不必时时对孩子实施无死角的掌控，而是应该给予孩子空间去学习和成长。在孩子训练时，家长不妨在一旁以欣赏的目光关注孩子的表现，或是借此机会自我放松，这才是双赢的选择。

2. 注意语言边界——培养独立性的语言艺术

在与孩子的沟通中，语言的边界同样重要。家长在语言上应当减少命令式和否定式的表达，更多地采用商量和询问的方式，并倾听孩子的真实感受。这不仅是对孩子的尊重，也能鼓励他们发展独立思考能力。

举例来说，当孩子要帮忙端饭时，有的家长可能会立即制止："别动，你太小，小心打碎了碗！"这样的言辞，无疑是对孩子行动的直接否定，剥夺了他们通过实践学习和感受成就感的机会。如果家长能够从孩子独立成长的角度出发，就可以准确分析孩子这种行动的成长意义：孩子主动帮忙端饭，这是孩子显示自己是家庭一员的重要成长，是孩子独立意识萌芽的表现，也是培养孩子参与家务的契机。退一步讲，即便孩子把碗打碎了又能怎么样？——现实中，家长往往会夸大孩子生活中的风险。孩子在学校过于胆怯或缺乏尝试的勇气，可能的原因之一就是家长习惯于对孩子进行过度管控。

在上述情境下，如果家长以温和的语气表扬和提醒孩子："你好棒啊！能够帮助妈妈做事，真是长大了！拿碗的时候，小心烫，注意脚下别滑倒。"这样的鼓励和提示，既表达了对孩子的信任，又给予了孩子必要的指导，让孩子在安全的框架内自由探索。

在学校里，优秀的教师会有意安排粗心的孩子帮助拿地球仪、实验器械等用品，然后给予大力表扬，以此激励他们变得更加细心和专注。

此外，家长在与孩子沟通交流时，尤其是在公众场合，应尽量避免使用"我的宝贝""我的孩子"等含有强烈占有色彩的称呼方式。这些表达方式传递出的潜在信息——"你是属于我的""你的一切我都应掌控"——可能妨碍孩子形成独立的自我意识和个人边界。

孩子在成长过程中，逐渐会有意识地维护个人形象和尊严，有时甚至会反感父母在他人面前特别是同学面前使用昵称或乳名来称呼自己。这时，家长应当敏锐地捕捉到孩子的心理变化，尊重并顺应他们独立自主的需求，通过适时调整称呼方式，来强化孩子内心自我认同的建构和独立人格的发展。

3. 尊重思想边界——培养独立思考的力量

纪伯伦在其散文诗《致孩子》中曾深刻地表达过如下的思想。

> 你的儿女，其实不是你的儿女。
> 他们是生命对于自身渴望而诞生的孩子。
> 他们借助你来到这世界，却非因你而来，
> 他们在你身旁，却并不属于你。
> 你可以给予他们的是你的爱，却不是你的想法，
> 因为他们有自己的思想。

你可以庇护的是他们的身体，却不是他们的灵魂，

因为他们的灵魂属于明天，属于你做梦也无法到达的明天。

你可以拼尽全力，变得像他们一样，

却不要让他们变得和你一样，

因为生命不会后退，也不在过去停留。

纪伯伦深刻地揭示了家长在教育孩子时应该尊重的思想边界。孩子有自己的想法和认知，有自己的兴趣和价值追求。家长应该以平等的态度与孩子交流，尊重、理解和接纳孩子的思想，而不是把自己的观点强加给孩子。

我校有一位初中生特别喜欢阅读和创作科幻小说，而他的父母却认为初中时间宝贵，应把精力放到准备中考上，写科幻小说不务正业，影响成绩，因而严加禁止。家长显然没有看到孩子创作科幻小说对孩子成长的意义和对社会的价值，其做法无疑是在扼杀孩子的兴趣与思想，抹去孩子成长的另一种可能。

我家孩子刘笑鸿八岁时，妈妈表扬他"钢琴弹得比过去好多了"，他回应道："我过去弹得很难听，是吧？因为我悟出了一个道理，只要你想做好一件事，就一定能把这件事做好。"这样的自我体悟是孩子成长过程中的宝贵财富，家长要及时发现并鼓励孩子的这种独立思考，从而强化其对事物的认知。

4. 尊重时代边界——建立跨越代际的沟通桥梁

在与孩子的交流中，家长应避免轻易使用"我们那个时代……"这样的表述。毕竟，孩子成长于与父母截然不同的时代背景下，他们对父母过往的经历往往难以感同身受。若父母不能敏锐察觉时代的变迁，一味以自身成长的经验和观念去框定孩子，那么代际间的隔阂与冲突将难以避免。

我曾经一度无法理解观看网络电影时开启弹幕①的做法，认为观影应是个人沉浸与独立思考的过程。然而，如今的孩子却热衷于在观影的同时，通过弹幕分享见解、抒发情感，打破了传统媒体单向输出的方式，实现了虚拟空间中观点的多元碰撞与内容的创新解读。

孩子们的想法、视角反映了他们所处的时代和世界。家长只有尊重并满足孩子的表达需求，才更容易使孩子建立起对家长的信任，从而在家长和孩子之间建立起一座跨越代际的桥梁，促进彼此的理解和沟通。

5. 遵守规则边界——锻造自律的家庭环境

规则的建立，是家庭界限感养成的重要途径，也是家庭成员相互理解、相互尊重和相互支持的基础。家规的制定需要所有成员共

---

① 弹（dàn）幕：网络用语，指的是在网络上观看视频时弹出的评论性字幕。

同协商，其内容涵盖读书、作业、锻炼和手机管理等日常生活的方方面面。有了这份共识，父母就不再需要不断地提醒孩子完成作业，而是通过制度来引导言行，让每个家庭成员都能找到自己的角色定位，各司其职，各负其责。

当家庭成员触犯了家规，无论家长还是孩子都需要自觉接受预设的惩戒。家长在这个过程中扮演着至关重要的角色，特别是面对家庭成员第一次违反家规的情况。作为家长，必须严格实施惩戒措施，因为一旦放过了第一次违犯家规的行为，家规就失去了它的效力，家庭的秩序也将随之崩溃。没有了规矩，家庭教育就如同无本之木，无源之水，失去了根基。

英国哲学家约翰·洛克曾经指出："儿童第一次应该受到惩罚的痛苦时候，非等完全达到目的之后，不可中止；而且还要逐渐加重。"这句话深刻地揭示了规则执行的重要性。只有家庭成员都能遵循规则，家庭才能真正成为充满爱、尊重和理解的地方。

陈鹤琴先生曾经提出，儿童不是"小人"，儿童的心理与成人的心理不同，儿童时期不仅作为成人之预备，亦具有他本身的价值，我们应当尊重他们的人格，爱护他的烂漫天真。当我们以成人的标准要求孩子时，实际上是在抹杀他们作为儿童的特性和价值，忽视了他们独特的心理发展规律和人格成长需求。

孩子在成长过程中，面对父母的权威，有时无可逃脱，因此也只能自己调侃。有一次，笑鸿被我叫出去在大风中骑自行车。他无可奈何地说："我看爸爸的选择权要比儿子大得多呀！我举两个例子，一个是这么大的风，爸爸还坚持要骑自行车。——风这么大，这不是坑爹，是坑儿子呀！第二个是课后服务的选修课，也只能按照爸爸的要求选择'街舞'，而不能按照自己的意愿选'一分钟简笔画'。"如何在家庭教育中找到平衡点，既能引导孩子，又能尊重他们的意愿，的确是需要我们调动智慧的。

培养责任心：让孩子对自己负责
方法 2

有位家长说："老师向我反映说，孩子早自习朗读有气无力的，上课也喜欢趴着听课，写作业特别喜欢趴在桌子上。孩子的理由是太困了，但事实上孩子的睡眠时间足够，基本上是从晚上九点半睡到早上七点。而且孩子中午不愿意午睡，认为睡觉会浪费玩的时间。"

根据家长的观察，孩子并非没有精力："孩子上课时总趴在桌子上听课，好像很疲惫，可是一下课就精力十足。"同时，孩子还表现为自信心不足："孩子对自己要求不高，总认为自己不如其他同学优秀，其实她的成绩还行，不知道为什么她很没有自信。"

家长与孩子进行了多次沟通，但并没有解决问题。

关于坐姿问题，我们聊了很久，我问孩子想不想改正，孩子回答说"想，但是怕控制不住自己"，让我给她写了字条时刻提醒自己坐端正。这样持续了几天，我问她最近在学校坐端正了吗，她自己也不记得有没有坐端正。在家里也是喜欢趴着写作业，为了纠正她的坐姿，坐姿矫正垫、背背佳、检测坐姿的小机器人都给她用过，没什么效果，语言提醒她也基本上成效不大。我还给她看过一些脊柱侧弯的案例，她注意了几天，又恢复了老样子。再给她看，她就会说："好吓人呀，别给我看了。"提醒得多了，我自己也会失去耐心，感到烦躁。

我们分析一下这位家长面临的问题。

首先要明确，坐姿与拖延都是行为层面的问题，其背后则是孩子对自己的要求不高、自信心不足，这一问题的根源在于孩子缺乏对自己成长的责任心。

而孩子能否对自己负责，主要看家长在教育中的界限与要求。孩子想纠正坐姿，却不是自己想办法，而是需要家长给"写字条"、购买矫正设备、语言提醒等，说明家长和孩子都没有明白，坐姿是孩子自己的事情。当孩子没有意识到这一点时，任何措施都是无效的。

家长也要反思，自己对孩子是否缺乏严格要求与责任心培养。

这里还要明确以下两点。

第一，孩子在家中的表现与在学校的表现是一致的，"在家里也是喜欢趴着写作业"。家长不要期望孩子在家松松散散，到了学校就会严格要求自己。

第二，坐姿当然不是小事，不仅关乎孩子的视力保护、预防脊柱弯曲等身体健康问题，还与孩子的学习态度、专注力、自律性乃至学业质量紧密相关。

小女孩对学习不够严格，对课堂也缺乏重视，还以"趴着也能学"的理由为自己开脱。倘若这些不良习惯得不到及时纠正，她的学习态度将持续偏离正轨，随之而来的问题也将日益增多且复杂化：不仅仅是老师找家长这么简单，她在与同学的关系中也会被边缘化——同学们普遍不愿与缺乏责任心的同伴一组学习。这将进一步加剧孩子的自我放逐，使其在低标准、无约束的状态下陷入恶性循环。

□ 责任心影响行为表现

即使是在相同的班主任指导下，孩子们在学校的行为表现也存在显著差异。责任心较强的同学会积极参与班里的各类活动，认真履行自己的班级职责；在学习中，对自身的学习进度和成绩有明确的目标和计划，遇到困难时能够积极寻求解决办法，不轻易放弃；主动关心和帮助学习有困难的同学；对班级公共事务有很强的主动性。

而责任心不足的孩子会消极应对或逃避任务，不愿意承担班级职务，即便担任职务也可能敷衍了事，不尽职尽责；学习上可能存在拖延、马虎的表现，作业常常完不成或完成质量不高，上课注意力不集中，对学习成绩没有较高的自我要求，面临问题时倾向于依赖他人解决；在班级公共卫生和个人物品管理等方面缺乏自觉，需要老师或同学多次提醒才能做好基本的卫生维护和个人物品整理。

如前所述，孩子在学校的行为习惯往往与其在家中的日常表现紧密相关，这是家庭教育方式和早期培育影响的结果。下面列举的是低年级小学生在家时的常见场景。

- 孩子放学回家后，先沉浸在玩具的世界里，接着享受几口零食，再盯着电视屏幕消磨时光。家长则反复督促："时间不早了，赶快去写作业吧。"家长着急上火，可孩子不慌不忙，磨磨蹭蹭，就是不打开书包。
- 清晨时分，孩子赖在床上不愿起床，早餐也吃得慢条斯理，家长替孩子背上书包，又开启了"催促模式"："快一点儿，不然就要迟到了！"孩子却对此不以为意，依然慢悠悠的。
- 孩子上学忘记带作业本或笔袋，家长只好急忙将遗漏物品给孩子送到学校，甚至为此牺牲了自己的上班时间。

在这种日复一日上演的家庭教育拉锯战中，孩子们逐渐长大，却未能充分建立起对自己生活和学习的责任感。家庭环境中形成的生活习惯，无声无息地塑造着他们在学校的学习态度和处理问题的方式。

很多家长可能并未认识到孩子责任心的缺乏对其成长的潜在影响，而是常常抱持盲目乐观的心态，或者过于依赖外在条件，比如以为只要孩子能跻身名校，就会在优秀同龄人的熏陶下自然而然地被激发出学习积极性和进取心；又或者深信"船到桥头自然直"，觉得孩子还小，总有一天他们会领悟到学习的重要性。然而，这种等待孩子自己觉悟的心态，往往会让家长错失培养孩子主动承担责任的契机。

教育是一个复杂、多元且深刻的课题，孩子的成长有其独特的生理心理发展规律及阶段性特征。在陪伴孩子成长的过程中，家长须深入教育的底层逻辑，吹糠见米，洞察本质，有效地激发孩子自主成长的内驱力，明确家长与孩子的责任界限，共同构建并践行家庭规范，尽早让孩子领悟责任之重。

□ 责任心的内涵阐释

责任心，作为一种内在品质，体现的是个体具备的高度责任感。其内涵深远且广泛，既包含对自身的内省与约束，也涵盖了对他人的承诺与担当。

向内看，责任心是孩子对自己事务的担当，是他们管理自己的学习、生活和情绪的能力，是他们为自己的行为承担后果的勇气，更是他们在规则和道德面前的自律。向外看，责任心则是孩子对家庭、社会的承诺，是他们在与他人的交往互动中流露出的关爱与责任感，是在履行职责和义务时所表现出的坚定与执着。

无论是完成个人任务还是服务于集体，责任心都是驱动孩子积极行动、勇担重任的核心动力。

对于孩子的学习和生活，如果家长过于焦虑，不断地催促孩子，孩子就会认为这些事是家长的责任——"否则，你们为什么比我还着急？"进而不把写完作业、整理个人物品、准备好明日所需的红领巾和校服等日常琐事视为自身应负的责任。他们的注意力也因此更容易被手机、平板电脑等娱乐设备分散，自己的事情反而似乎与他们无关——"反正总会有人帮我安排好"。

在公共场合，孩子缺乏责任心的表现更是司空见惯。就餐时，有的孩子按着转动的餐桌转盘，不让别人夹菜，长时间把自己喜欢的菜停留在自己面前；在游乐场，有的孩子跟小朋友抢玩具，甚至推搡小朋友；在课堂上，有的孩子会故意插老师的话，或发出响声，以此吸引老师和同学的关注……长此以往，孩子缺乏责任心的问题就会延续到成年之后，例如，我们经常看到，高铁上，有的人拿着手机旁若无人地高声闲聊；排队时，有的人插队后还飞扬跋扈，一副唯我独尊的样子。这些问题均源自童年时期缺乏必要的责任心及对他人的基本尊重意识的培养。

□ 责任心缺失的三大教育误区

问题出在哪里呢？为什么责任心在孩子心中难以生根？我通过对孩子的观察与思考，总结出导致孩子责任心缺失的三大教育误区：包办代替、成绩至上、低估孩子。

误区一　包办代替：无形的束缚

有一次，我陪着笑鸿参加幼儿园户外郊游活动，看到了两种截然不同的育儿方式。一位小女孩始终处在姥姥无微不至的保护下，姥姥不断地阻止她接触水池和攀登高地，生怕她弄脏衣服或遭遇危险。这份深厚的爱，无形中却成了束缚孩子探索世界的绳索。与之相反，在爸爸陪伴下的儿子则显得活力四溢，他主动购票，积极参与各种冒险活动，尽情释放着孩童的天性。

当家长的爱变成了对孩子的过度保护，孩子反而失去了体验责任价值的机会。

这种环境中长大的孩子，渐渐习惯了家人的全方位服务，对自己需求的第一反应就是像操作智能音箱一样安排他人："给我找一下袜子""帮我榨杯橙汁"。而在学校，比如当因忘记带作业本而受到老师批评时，他们也并不会认为是自己的失误，而会把责任推到家长身上："我妈昨天忘了把我的作业本放到书包里。"

误区二 成绩至上：狭窄的成长道路

在竞争激烈的社会环境中，孩子的学习成绩无疑成了家长和孩子共同关注的焦点。然而，当对成绩的关注过于单一且极端化时，孩子的成长之路就可能因此变得狭窄。对于学校给孩子布置的家务作业，有的孩子会提出质疑："我妈说了，除了学习，家里和班级的事都不要管。"这其实是在将孩子引向"好好读书、上个好大学、找份好工作"的狭窄胡同。

这样的教育引导，不仅造成了孩子当下对家庭责任的缺失，对孩子人格的培养来说，更是一种短视的行为。孩子可能会有"油瓶倒了都不去扶"的表现，因为他们被告知，那不关他们的事。与此同时，家长对成绩的过度要求也会给孩子带来沉重的心理压力，孩子面临考试时的焦虑、成绩不佳时的隐瞒和撒谎等问题行为，都是这一压力的直接体现。有些家长尽管口头上没有强调，但他们的实际行动却在无声地传达着这样的信息——家务不重要，学习才是首要任务。

误区三 低估孩子：剥夺探索机会

"不相信孩子能做好"，这句话或许是一些家长在无意中为孩子做出选择、制订计划、处理人际关系时的内心独白。他们担心孩子缺乏经验，思考能力和协调能力也不足，因此不敢放手让孩子独立去尝试和体验。然而，这种过度的保护和不信任，实际上是在剥夺孩子探索世界的机会，扼杀他们探索的欲望和创造力。

事实上，孩子们的能力远远超出了我们的想象，他们只是需要机会和舞台去充分展示自己的潜力和才华。而责任心的培养正是开启孩子全面发展的关键起点。只有放手让他们去尝试、去犯错、去承担后果，才能真正引导他们逐步建立起对自己的事情负责、对他人关心与尊重的意识，从而成就一个拥有健全人格和高度责任感的个体。

□ 培养孩子责任心的八个策略

《战国策》有云："父母之爱子，则为之计深远。"真正的爱，是为孩子的未来铺路，而非仅仅满足孩子眼前的需求。家长和教师的远见在于培养孩子的责任心，让他们成为能对自己和他人负责，能独立面对世界的人。

培养孩子的责任心是一个循序渐进的过程，贯穿了孩子从婴儿期到青少年的整个成长阶段。首先，可以让孩子熟记并领悟陶行知先生的《自立立人歌》。

> 滴自己的汗，
>
> 吃自己的饭，

　　　　自己的事自己干。

　　　　靠人靠天靠祖上，

　　　　不算是好汉！

　　　　…………

　　我们可以从儿童身心发育的角度看一下孩子责任心形成的历程。在婴儿期和学步期（0～3岁），孩子学会用手抓食物吃，在锻炼了手眼协调的同时，也开启了主动探索与自己吃喝的责任。进入学前期（3～6岁），孩子在幼儿园学习社交和如厕、穿衣、洗漱等独立生活技能，也在与小朋友们分享玩具时产生对外责任心的萌芽。这个阶段，我们要鼓励孩子做一些简单的家务，如整理玩具、端饭碗、拿筷子、在爸妈下班回家时递上拖鞋等，以培养孩子的家庭责任感和对家人的关爱。

　　儿童中期（6～12岁）是孩子独立性养成的关键时期，他们开始逐步掌控自己的生活、行为和人际交往。三年级的笑鸿每天放学后都要经过诱人的小商店，有一天他回家说："刚才路过小商店时，我的内心有两个小人儿在打架。一个说'哎呀，我最近生病了，不能吃零食，快走吧'，另一个说'哎呀，好几天没买了，今天买一次吧，快进去'。最终，我听从了后一个小人儿的话，所以我买了一些喜欢的零食回来啦。"

　　在这个阶段，孩子因为上学，与父母在一起的时间明显减少。

他们不再依赖父母的判断，开始独立思考，在"两个小人儿"打架时，他们会做出自己的选择。这时，我们作为家长要有意识地引导孩子遇到问题时自己想办法。

培养孩子的学习责任心与良好习惯在儿童中期这一阶段至关重要。根据我的观察，三年级是孩子的责任心能否养成的分水岭。从整理书桌到记作业，从照顾宠物到管理时间，这些看似微小的事务，实则构成了孩子责任心养成的重要基石。在学校，老师培养学生学会自己值日打扫教室、按时交作业等责任；而在家里，叠放被褥、准备饭盒、系鞋带等日常小事，同样是他们提升自我管理能力的有效实践。

培养孩子的责任心，需要家长、学校和社会的共同努力，以下是一些帮助孩子建立和增强责任心的有效的方法。

一是树立榜样。孩子往往会模仿大人的行为。因此，家长和教师首先要展现高度的责任心，比如按时完成工作、承担家务、承认并改正错误等，以此作为孩子的榜样。

二是适当分配任务。家长应根据孩子的年龄和能力，给其分配一些适合他们的家务或其他任务，如整理玩具、喂养宠物、打扫房间等。孩子完成任务后，家长应给予适当的表扬和奖励，可以言语鼓励，也可以奖励星星贴纸或小礼物，以增强他们的成就感和责任感。

三是设定规则与惩戒办法。家长和教师应明确家庭规则和学校规则，让孩子明白每项规则背后的原因及其重要性。同时，对规则应设置合理的惩戒办法，当孩子没有履行责任时，家长和教师要温和而坚定地执行这些惩戒办法，帮助孩子理解行为与结果之间的联系。

四是鼓励自主决策。家长在生活中应给孩子一定的选择权，让他们在安全的范围内做出决定，比如选择今天穿什么衣服、决定课外活动等。这能帮助孩子学会决策，培养孩子的责任感。

五是讨论责任的意义。家长可以通过日常对话或讲述故事，向孩子解释为什么负责任很重要，让孩子理解责任心对个人成长、人际关系和社会的重要性。

六是参与社区服务。鼓励孩子参与社区服务项目，如志愿服务、环保活动等，让他们体验帮助他人和贡献社会的快乐，这样能有效提升他们的社会责任感。

七是设立目标与反馈。与孩子一起设定短期和长期的目标，鼓励他们为达成目标而努力，在过程中提供积极的反馈，帮助孩子评估进展并调整策略，让孩子学会自我管理和承担责任。

八是培养解决问题的能力。当孩子遇到困难时，家长应引导孩子思考解决方案，而不是立即代劳。比如孩子在写作业时遇到难题，向家长求助时，家长不要急于为他们解答，更不能直接告知答案，而要引导孩子独立思考、观察和总结。这不仅能增强孩子的自信心，也能培养他们面对问题时的责任感。

通过持续实践这些方法，会使孩子在日常生活的小事中逐渐建立起责任心，这会对他们未来的学习、工作乃至整个人生产生积极的影响。

□ 同伴与劳动对孩子责任心的影响

孩子步入三四年级后，同伴的影响成为塑造孩子人格和价值观的重要力量。孩子们通过观察和模仿同伴，学习社会行为，这在社会学理论中被称为"社交塑造"。

孩子会模仿同学、同伴的语言和动作，这是他们在社交互动中自然吸收的行为模式。同伴间的积极交往，如同阳光和雨露，滋养着孩子的自尊、自信和安全感。但负面的交往和不良行为，却可能影响孩子的身心健康。

在这个阶段，孩子可能会提出邀请同学到家中玩，或者去同学家过夜。家长不必过多干涉，这是孩子养成独立人际交往技能的重要时刻。在与同伴更近距离的交往中，孩子会学会解决冲突、情感交流和支持合作，这都是强化自身责任感的重要途径。

随着"双减"政策的发布，学校教育迎来了新的变革。课后服务和选修课的品类日益丰富，社团俱乐部的活动也更加多彩。选课时，家长也要有意识地引导孩子，让他们根据自己的兴趣去选择课程，而不是替他们做主。学校设置选修课的目的，就是让孩子去接触不同的艺术、体育、科技、人文等课程，孩子会在尝试与体验中开拓认知，认识自我。家长只有充分尊重孩子的选择，才能进一步培养孩子独立于父母的自我意识，发挥选修课的意义。

明代理学家朱用纯在《治家格言》中说："黎明即起，洒扫庭除，要内外整洁。"让孩子承担起自己生活中的劳动责任，是孩子责任心与生活能力养成的重要途径。现在的孩子衣食无忧，生活安逸，学校虽然会根据育人目标和办学理念对学生进行诸如手工、木工、种植、陶艺、布艺等劳动培育，家长也要因地制宜，充分利用家中的日常事务，让孩子多参与、多动手，感受作为家庭成员的责任。

例如，家中购买的组装式小家具，可以让孩子按照图纸尝试组装，这不仅能锻炼孩子的动手能力、手脑协调能力，还能训练他们的空间思维能力。同时，孩子还能体验到作品完成的成就感、满足感与自豪感。简单的家用器具维修、择菜、洗菜、洗小件衣物等，都可以成为孩子操练与生活紧密相关的技能的好课程。

在培养孩子责任心的过程中，我们不仅要引导他们承担起应尽的义务，更要尊重其独立思考、自主选择的权利，赋予他们适当的责任空间，让他们在实践中学会负责、体验成就；同时，珍视其个性差异，鼓励其创新与试错，以公正评价促进其责任意识的内化，实现从"加担子"到"尊重"的教育过渡。

方法3　尊重孩子：从蹲下说话开始

你有没有发现，孩子在与家长、老师相处时，并非处在平等的地位，也不总是我们想象中的那样开心与放松，他们在小心地观察父母和老师的举动，判断我们的心情与可能的动向。

家长觉得，自己辛苦打拼都是为了孩子的幸福生活与快乐成长，既然自己为孩子做了那么多，孩子就理应懂得感恩、刻苦学习。但事实上，很多孩子并没有因为父母全心全意的付出而感到快乐无忧，尤其是在谈到学习的时候，他们甚至在父母面前战战兢兢，唯命是从，不敢对父母安排的各种辅导班与学习任务提出异议。

很多教师也不自觉地对学生过度管束，使学生习惯于服从，慢慢消磨了自己的好奇心与主动性，最终把学习当成了机械地完成任务。

比如，一次很普通的语文测试后，笑鸿请我给他讲解试卷。虽然他已提前告诉我说这次考试成绩不理想，我还是发现了他让人忍俊不禁的小动作：他一面回应我的讲解，一面用右手看似不经意地折卷着试卷的右上角。我瞥见了老师用红笔在上面写的"良"字，但我很好地配合着他，装作没有注意到他的小动作，也没有问成绩。

这个小场景引起我的思考：我们在与孩子的沟通中，是否真正尊重了他们的感受？孩子小心翼翼地保护自己免受"疾风骤雨"的心理，是不是也在提醒我们，家庭教育中需要更多的理解和关爱？

这里有个极端的例子：一个女孩在学校故意向内衣里倒水让自己受凉，因为她发现只有在自己生病的时候，平日严苛的爸爸才会关心自己。

在爱的庇护下，"都是为你好"成了许多父母为孩子抉择人生道路的出发点，对孩子的学习规划、兴趣培养和社交活动等，父母常常以自己的经验和认知为孩子铺就一条条他们认为的坦途。即便父母和教师基于自身的经验和认知做出的决定确实能让孩子少走弯路，但孩子毕竟要有自己的成长体验与价值判断，否则当他们离开父母与教师后，面对复杂境况时，又如何独立解决问题呢？

令人惋惜的是，不少父母与教师似乎很难完全信任孩子的自主能力，很少给予他们作为独立个体应有的空间和尊重。孩子往往被期望成为顺从的执行者，而不是主动的参与者。这种教育的局限性在于，教育者看不到孩子，漠视孩子蕴藏的巨大潜力。

对此，我们要反思，应该把孩子置于怎样的教育位置，才能让孩子在平等交流中自主、自信地成长？

□ 尊重孩子，要走进孩子的心灵

法国作家安托万·德·圣埃克苏佩里在《小王子》中提醒我们："所有的大人最初都是小孩子，只是多数的人都忘了。"

作为家长和老师，当我们与孩子们相处时，需要经常换位思考——假如我是孩子会有什么感受？只有我们回到过去，重新成为那个充满好奇和梦想的孩子，我们才能更好地理解孩子，从而让教育的目的更好地达成。孩子毕竟也是在成长中的独立个体，他们和成人一样，也有自己的情感、思想与表达。

例如一个三代同堂的家庭，祖孙三代虽然每天处于同一个时空，却生活在三个截然不同、泾渭分明的世界。

我们的父母会省吃俭用，剩饭剩菜不舍得倒掉，习惯于让我们多吃饭，是因为在他们的成长过程中有物质匮乏的深刻记忆。他们教育孩子要"听话"，这源于他们所处的时代强调家庭秩序、尊卑分明的传统；他们注重经验传承、尊重长辈的智慧，因为他们成长的年代教育资源相对匮乏，长辈往往被视为知识与经验的主要来源，孩子对父母的遵从是获取生存技能与道德规范的有效途径。

借助高考从乡村、小县城突围出来的我们，则试图改变父母的饮食观念，告诉他们科学合理的膳食搭配与适量摄入的重要性，而非单纯追求多吃；而在教育孩子的问题上，我们一方面更加注重培养孩子的独立思考能力、尊重个体差异，鼓励孩子表达自我、参与决策；另一方面又滑入自己的经验误区，按照自己的经验去要求孩子努力学习，希望孩子像我们一样通过考上名牌大学来改变命运。所以，我们这一代人接受不了孩子的成绩不如父母。

而作为"数字原住民"一代，我们的孩子拥有更多元的信息来源与价值观念。他们具备网络原生身份，从小就习惯了在线生活，数字生存是其日常生活常态；他们善于多任务处理，效率较高；喜欢寓教于乐的学习方式；他们的消费观念更注重个性化、体验感和价值观契合；相对于传统的纸媒阅读，他们更习惯于通过屏幕阅读大量信息，适应快速的信息流动和更新；在思维方式上，他们拥有强烈的探索欲望和创新意识，善于利用超文本、超链接的思维方式（被称为"蚱蜢思维"），跳脱于线性逻辑，不喜欢受制于既定框架与长辈的管控，热衷于尝试新鲜事物并主动进行知识探究。

由于成长环境、教育背景、社会发展等因素，三代人在观念上存在很大差异。老一辈可能更倾向于节俭、服从于实用主义，中青年一代可能更看重知识改变命运的力量，而年少一代则可能更关注个性化、多元化的成长路径。这些观念并无绝对的优劣之分，都是特定时代背景下个体适应与生存策略的体现。

事实也的确如此，三代人谁也改变不了谁。我们能做的，就是让每一代人都能在尊重与理解的基础上，自由地追寻最适合自己的生活方式，以包容的态度通过开放的对话、理性的讨论，增进彼此的理解，寻找共识，促进不同观念在家庭中的和谐共存。这才是面对生活方式与价值观差异时，最为明智且有益的做法。

有了这样的认知，当孩子拿起画笔，准备在画布上释放他们的想象力时，家长不要急于把孩子塑造成画家，在充满色彩的世界里，孩子的画作远非简单的涂鸦，它们是孩子内心世界和独特视角的真实映射，是他们纯真天性的自由表达。所以，家长要摒弃成人的偏见，给孩子一片无拘无束的创作天地。

同样，当我们看到孩子的涂鸦作品时，也不要急于用成人的眼光去评判，而要走进孩子的心灵，去感受孩子独特的创意。

□ 让孩子与自己平视

父母都习惯于拉着孩子的手走路，可当孩子很小的时候，我们却全然没有关注到孩子的手臂需要始终向上伸得很高，才能牵住大人的手。想象一下，如果我们始终向上伸直胳膊被巨人拉着手走路会是一种怎样的体验？

我在学校经常与学生合影，对低年级的孩子，我会蹲下身或弯下腰，让孩子与我齐头并肩，从同一个高度看向镜头。与孩子交流时，我也总是尽可能采用与孩子平视的高度，让孩子从视角与内心都得到"校长和我很平等"的暗示。一位家长在写给学校的感谢信中这样写道：

> 有一次，咱们校长给孩子送水壶，校长是弯下腰递给孩子的，并且和孩子"闲聊"了几句。这不只是一个暖心的举动，更多的是传递了"平等、尊重"的大气与格局，孩子能够遇到这样的校长，实在是幸运！

这就是我提倡的以儿童为中心的教育理念。家长和学校都要从儿童的视角出发，考虑与孩子的互动，设计适合儿童成长的有针对性的活动。站在儿童的视角，我认为，校长首先是一个"符号"，是孩子世界里遇到的一个重要的权威人物。为了助力孩子自信地成长，我总会充分用好"校长"这个象征符号。

　　孩子到校长办公室送活动请柬，将请柬递过来，说："校长好！我们邀请您参加清明诗径①活动。"说完，转身就要走。这时我会笑着说："别急！先坐下。"我会以轻松的语气和孩子聊聊学习、生活、社团等话题。这就是给孩子的成长助力。孩子从校长室走出来，内心会有这样的体验：哇，今天我在校长室坐了一会儿，还跟校长聊天了。

　　这样的聊天，可能会让孩子不再胆怯与老师或陌生人谈话。

　　所以，在校园内遇到孩子跟我打招呼："校长好"，我都会微笑回应："你好！你的书包很可爱！"或者问一句："上什么课了？""吃什么饭了？""怎么这么开心啊？"等，和孩子多说这么一两句话，就能让孩子感受到被校长关注的暖流。

　　放学的时候，整班的同学都在校门口跟我说"校长再见"，我在一一回应"再见"的同时，眼睛会与每个同学碰撞——孩子们希望

---

① "清明诗径"是将文学创作与节气文化结合起来的创意活动。清明时节，文学社将孩子们的原创诗歌悬挂于校园林荫道间，构成别致诗径。全校师生一同漫步赏诗，追思怀古，同时通过投票形式表达对诗作的喜爱。

被看见，我们要满足这种成长的心理需求。认知心理学认为，眼神交流是人际间能"传神"的非语言交流。

但很多时候，家长会忽略孩子的交流愿望。比如家里有客人或在宴会上时，父母正在与客人闲谈，孩子过来拉着爸爸的胳膊："爸爸，我想……"爸爸可能会不耐烦或碍于客人在场而和蔼地说："爸爸正在跟叔叔谈事，你先一边玩去。"

这就是问题的关键：我们认为只有大人之间的谈话才是重要的正事。大人们往往沉浸在自己的世界里，而对孩子充满好奇和探索欲的声音置若罔闻。日复一日，当我们不断地推迟与孩子的交流，甚至忽略他们的感受时，就可能无意中向他们传递了一个信息："你在大人眼里不重要。"这个无声的信息，会让孩子感到自己渺小而无足轻重。这种感觉，如果不及时加以改变，就会在孩子的心灵深处种下自我怀疑的种子，让他们难以形成对自我需求的关照，影响他们的自尊、自信和人格发展。

当孩子渴望得到关注和认同的愿望未能实现时，他们可能会感到失落和沮丧，慢慢地，他们可能会选择关闭自己的心扉，或者通过一些特殊的行为来吸引大人的目光，寻找存在感。

我在与朋友交谈时，如果朋友的孩子过来打断我们，我总会停下谈话，转向孩子，看着他的眼睛听他诉说，并认真做出回应。孩子得到了倾听和回馈后，就会开开心心地转身去玩了。对孩子真正的爱与关切，就是细致地关注孩子的真实需求，并对此给予积极的反馈。当孩子的真实需求和自我存在感得到满足时，其成长的过程就会一路花开。

再比如，很多家长和老师给孩子拍照时习惯于用俯视视角拍摄，其实只要改变一下拍摄角度，就更能凸显孩子的主体感与活力，甚至拍出"大人物"的感觉。比如请孩子站在高处，拍摄者仰拍；或者拍摄者趴在地上，从低位向上拍摄等，都能拍出不一样的效果。

□ 尊重孩子的个性特点

每个孩子的个性特点是不一样的，因此他们的学习方式也会有很大差异。有的孩子习惯于默读记忆，有的孩子则喜欢朗读背诵；有的孩子记得快，忘得也快，有的孩子记得慢，忘得也慢。父母不能苛求自己的孩子必须达到"别人家的孩子"的学习状态与成绩，那不仅毫无意义，而且会给孩子造成无端的心理压力与焦虑。

教育的本质是人格的培养，是潜能的激发，要让孩子逐步把握好自己的学习和成长节奏——当别的孩子已经做了三道题，我们的孩子哪怕只完成一道题，也要让他感受到那份自我超越的喜悦。怀有"牵着蜗牛去散步"的心态，你会从每天催促孩子的快节奏生活中惊醒，会跟孩子一起闻到路边的花香，听到秋夜的虫鸣，感到拂面的春风。当牵起孩子的手，看到孩子清澈的眼睛的那一刻，你会感受到这是最真实的陪伴。

那天中午有会，我就提前去餐厅吃饭。经过操场时，我看到一个班正在上武术课，一个胖乎乎的男生动作比划得令人忍俊不禁。我想去跟他聊几句，又考虑到这是在上课，就没有上前。吃饭时，我与一位班主任老师坐在一起。我问："临近期末了，孩子们的学习状态如何？"班主任说："大多数同学很不错，学习热情很高。只有一个同学状态不太好，早晨来了盼着吃午饭，吃完午饭想着放学。写字潦草，考试只做选择题，各科考试分数都是个位数。"了解到这个同学的家长对孩子的学习关注度不够和孩子自我要求不高、自律性薄弱等信息后，我对班主任说："这样吧，吃完午饭后，你带这位同学来我办公室一趟，带上几本课本和笔记本。我跟孩子聊聊。"

故事的发展如你所想，推门进来的正是这个可爱的男孩。他显然有点紧张，双手相互揉搓着，如受惊的小鹿般，眼神四处躲闪。邀请男孩和班主任老师坐下后，我送了男孩学校喵视觉工作室同学设计的几个文创产品——康奈尔笔记本、口罩、尺子等，以此来拉近与孩子的距离。请孩子做了自我介绍后，我翻看了孩子的课本、笔记本，发现他的书写的确不整齐。

我请孩子坐在我的办公桌前，让他写几个字给我看。如我所料，他的握笔存在三个问题。

1.食指的指肚软塌，拇指与食指又握得太紧，导致写出来的字僵直呆板。

2. 拇指、食指握笔太靠近笔尖，眼睛看不到笔尖的旋转方向，需要低头侧着看笔尖滑动，这样写出来的字一定是拘谨、放不开的。

3. 手向里弯曲，导致书写歪斜，力度不够。

根据我的观察，孩子书写不好的原因大多是握笔姿势不正确，这个问题老师和家长从一开始就要关注。关于握笔的问题，我向孩子介绍，写字要保持"一拳、一尺、一寸"的正确姿势，我站在他身后握着他的手，纠正着他握笔的姿势写了几个汉字。他的领悟力还是很不错的，只是长期缺少家长的关注，导致他对书写和学习问题的放任。表扬了他的进步后，我顺势对他的上课听讲、记笔记、写作业等提出了要求，跟他约定每周给我看一下他的笔记和作业。

期末考试时，这个孩子的语、数、英三个学科的成绩分别跳升到 50 分、60 分、67 分。暑假期间，班主任老师又多次与他的家长进行电话家访沟通，询问孩子的假期学习、身体锻炼等情况，得知孩子学习的主动性有了很大提高，甚至还坚持每天练字。

每个孩子的内心都需要得到家长和老师悉心的关注。在这个世界上，没有孩子愿意被遗弃在孤独的角落，也没有孩子甘于平庸。然而，生活的旅途总是充满了意外和转折，一些微小的事件，一些不经意的瞬间，可能会让孩子们迷失了前进的方向，出现这样或那样的"问题"。在"问题"和"孩子"之间，家长和老师要首先看到"孩子"，而不是"问题"。

作家刘亮程这样乐观地期待："人心中都有自己的早晨，时候到了会自然醒来。"但帮助每个孩子拥有一个鸟语花香的清晨，我们显然还有很长的路要走。

方法 4　有效陪伴：为孩子的成长搭建"脚手架"

在这个快节奏的时代，不少孩子承受着超乎年龄的压力。原因之一在于，缺乏内心稳定感的父母把无端的焦虑与未竟的理想不断地传导给孩子，而不顾孩子所处时代的不同。现今孩子需要学习的学科很多，每个学科给孩子布置一点观察、探究的作业，比如手抄报、项目探究、小组汇报等，孩子们都要投入很大的时间和精力。

更严重的是，有的家长会以"别人家的孩子"为标准，进行漫无边际的学习攀比，给孩子们安排各种辅导班与兴趣班。孩子们每天左支右绌地应对各种线上线下的课程，缺乏休息的时间，身心得不到必要的休整。

孩子们的成长需要的不是严苛和无止境的要求，而是家长的有效陪伴和实质性的帮助。

□ 有效陪伴，从与孩子聊天开始

进入小学中高年级，孩子们面临的学习挑战和压力逐渐增大。在学校里，他们每天经历着 6 ~ 8 节课的密集学习，还要参与课间操、体育运动和各种活动，体力、脑力消耗较大。回到家中，他们仍然兴致盎然地想与父母分享学校的趣事，这不仅是他们释放压力的方式，更是他们将父母视为伙伴的信任表达。家长要积极回应孩子的情感需求，通过轻松的闲聊，深入了解孩子在学校的情形，从而加深亲子间的信任和理解。但孩子们会不会得到这样的反应呢？

放学回家，孩子很热切地和妈妈分享学校里的趣事："妈妈，今天我们上体育课的时候……"而妈妈的眼睛并没有离开手机屏幕，心不在焉地嘴上回应"嗯，嗯……"，孩子不放弃，继续讲述他们的小故事："你知道吗，我们班……"妈妈依然敷衍地回应："嗯？嗯……"双手依然在滑动手机或快速输入聊天内容，仿佛在编织一张无形的网，将孩子隔离在网的另一边。

家庭聊天，无论是在家中、上下学的路途中，还是在旅行中，都是增进亲子情感、促进孩子成长的绝佳时机。优秀的老师也会抓住课间、踏春和社会实践活动时与孩子聊天，这种非课堂的聊天模式尤其容易拉近与孩子的心理距离。父母、老师与孩子之间较高的交流频次，对孩子的成长有着深远的影响。

　　首先，孩子会感受到被关注和被认可，这有助于增强他们的语言意识和表达的自信心。我们需要关注孩子的表达中是否有"这个""那个""呃""嗯"等习惯性用语，是否存在说话重复、表达不清等问题。当发现问题时，我们可以适时地引导孩子，让他们重新表达一遍，提醒他们思考清楚后再准确、流畅、连贯地表达出来。

　　心理学家弗洛伊德曾说："从没有所谓的'口误'，所有的口误都是潜意识真实的流露。"我们要善于从孩子的表达中探寻他们内心的真实想法，从而加以正确的引导，逐步培养孩子的独立思考能力和对问题的辨析能力。

　　其次，家长通过有意识地拓宽孩子的视野、给孩子输入知识和培养孩子的思维，可以使孩子在智力发展上取得显著进步，同时丰富他们对人生和社会的认知。这种有深度的交流，不仅能提升孩子的思考能力，还能帮助他们建立更为全面的世界观。

　　最后，有效的亲子交流能够塑造独特的家庭文化氛围。当家庭成员之间敞开心扉，真诚地分享彼此的想法和感受时，关系就会变得更为紧密，家庭生活的幸福指数也会持续攀升。孩子在这样的家庭氛围中成长，性格就会呈现出充满阳光、乐观和向上的特质。

　　如果父母对孩子缺乏耐心，只关注孩子的学习成绩而忽视与他们的情感交流，孩子可能会逐渐封闭自己的内心，对父母敬而远之。长此以往，孩子或者会转而从电子游戏中寻求慰藉，或者班级里兴起什么就玩什么，以弥补来自父母情感的缺失。根据我在校的观察，在家庭中缺少有效沟通的孩子，青春期叛逆甚至会提前到五六年级。有的孩子早上一到学校就和同学聊天，一看就知道晚上在家缺少与爸爸妈妈的沟通，想聊天的内在需求没有得到满足。

□ 有效陪伴，校长午餐会的启示

在学校里，我有一个特别的安排：每周都会与不同年级的孩子共进午餐，轻松聊天，这就是"校长午餐会"。从孩子们的期待和热情反馈中，我能感受到他们对这个活动充满热爱。

1. 自我介绍

午餐会的第一个环节是自我介绍。这不仅是一个展示自我、增进了解、加深印象的机会，更是活跃气氛的方式。一个简单的自我介绍，就能折射出孩子的鲜明个性特点和家庭成长环境。我发现，许多孩子并没有真正思考过如何进行自我介绍，多数只有一句："大家好！我是五（3）班的某某某。"

对于这种情况，我会引导孩子们思考在自我介绍时应该分享哪些内容。包括自己的名字是哪几个字，名字的来由及其蕴含的意义，自己的性格特点、兴趣爱好，也可以谈对活动的愿望和期待。然而，许多孩子对自己的名字并不了解，看来不少父母忽略了对孩子讲讲给他起名的故事。

每个孩子在成长过程中，都会面临许多重要的转折点。无论是入幼儿园、升入一年级，还是新到一个陌生的环境，这些时刻都是他们自我展示和成长的宝贵时机。自我介绍就是这些场合中必备的技能，它不仅仅是孩子展示自我的开场白，更是孩子增强自信和与他人建立联系的重要开端。因此，家长应有意识地指导孩子提前准备并练习自我介绍，具体做法是可以模拟现场观众，观察孩子的表达、表情与体态，提供积极的反馈和鼓励。

2. 交流话题

边吃边聊，孩子们兴趣盎然，校长午餐会气氛热烈而充满活力。有的孩子声音高亢，充满自信，逻辑清晰；有的孩子轻声细语，羞涩胆怯，欲言又止；还有的孩子诙谐风趣，分寸到位，感染力十足。我一边观察并回应，一边调整谈话内容，针对每个孩子的个性进行引导，以帮助他们增强表达自信。

根据孩子们的学段和年龄特点，我们在"校长午餐会"上探讨过各种话题，每一种话题背后都有教育的指向。如：

- 聊读书，相互碰撞以激发自觉阅读的兴趣；
- 说父母，感念抚育以丰富成长的自我觉知；
- 话生活，关注校园以激发积极向上的热情；
- 谈学习，交流方法以寻觅学科学习的乐趣；

- 讲理想，明晰方向以调动青春奋斗的斗志。

我也会让孩子们聊聊成长中的糗事和趣事，活跃谈话氛围，引导孩子们寻找和感知身边的快乐；请孩子们谈谈自己的好朋友、校园的活动、喜欢的学科和老师。我们的话题也会延伸到一些社会热点，如网红现象、人工智能、"卡脖子"技术等。我鼓励孩子们结合自己的成长经历，对这些问题进行多元思考和碰撞。这不仅能启发他们的思考能力，还能帮助他们更好地理解和适应这个快速变化的世界。

3. 关注个性

在"校长午餐会"上，除了谈话的内容，我更加关注每个孩子谈话时的表现。每个孩子的言行举止，都在展示其个性特点和社交能力。对于那些滔滔不绝的孩子，我会引导他们学会凝练语言，让他们明白，有时候，少即是多。对于那些声音过小的孩子，我会提醒他们根据现场的人数、空间的大小和气氛来调整自己的音量，让自己的声音能够被每一个人听到。对于那些不敢发言或抢不到发言机会的孩子，我会有意识地在轻松的话题中给予他们表达的机会，让他们也能够参与到大家的谈话中。

作为教育引导者，我们既要关注每个孩子的个性，还要注意给予他们平等而有针对性的关照。任何厚此薄彼的行为都可能对孩子造成心灵的伤害。我曾经遇到过一个女孩不愿意到校上学，谈心后了解到，原来是因为她和另一个孩子同时犯错，但"老师只批评我，不批评她"。

我们必须认识到，孩子的内心是敏锐的，我们需要用心去感受，用爱去呵护，这关乎孩子的性情形成。现在，家有两三个孩子的家庭增多，家长在处理孩子之间的矛盾时，也一定要保持客观公允，接纳孩子的个性差异。

我始终坚信，最好的家长是那些能够陪伴孩子玩耍，又能够找回自己童年快乐的家长。他们与孩子一同沉浸在快乐的时光中，空气中都流溢着暖暖的爱。孩子在这样的氛围中能够真切地感受到家长的热情和放松，这种充满爱和温存的时光会终生留在孩子的记忆中。

□ 有效陪伴，帮孩子而不要求孩子

在孩子的世界里，准确表达对陪伴的需求及内心情感并非易事。因此，在孩子的成长旅程中，要实现有效陪伴，实质上要求我们既要用心与孩子进行情感交流，也要对孩子的学习与实践给予积极的引导。这意味着我们需要为孩子提供思维启发，传授实用方法，教授必备技巧，以及搭建成长的"脚手架"，助力孩子一步步迈向独立与成熟，而非仅仅作为旁观者，对孩子提出苛刻的要求。

因为相较于具体的指导，许多家长更习惯于对孩子提出各种要求，比如提醒孩子"写完作业后检查一遍""别玩了，去读会儿书""把文言文读熟了"等。然而，这样的要求往往并不能带来实质性的改变。孩子可能去照做，也可能不去做，即便做了，效果也可能会打折扣。此外，家长的提醒并不能从根本上解决孩子学习和自律的问题，家长提醒了第一次，就需要提醒第二次、第三次。说到底，家长这样做，其实称不上真心真意地对孩子付出，因为提要求只需要家长动动嘴就行，不需要家长花费心思去陪伴孩子学习，结果多是孩子并没有因为家长的要求而保质保量地完成学习任务。

以英语学习为例，英语学习是一个持续输入和输出的过程，孩子需要面对"多读""多听""多写""多记"的挑战。如果完全让孩子自主学习，孩子就容易只追求完成课业量的要求，对需要突破的难点缺乏有效的学习策略，很难把握学习的效果。这时候家长的助力就很有必要，可以为孩子的英文学习"搭建脚手架"。

✎小知识

在英语朗读环节，可以先引导孩子朗读新的课文。由于是初次接触，孩子在朗读时难免会出现停顿和重复，这时，家长就可以引导孩子进行关键点的强化练习，例如多次重复朗读生词和难句，对于那些不熟悉或读错的单词，家长可以引导孩子在单词下方画横线或使用荧光笔标注进行视觉强化，然后多次朗读，以此来加深记忆。在孩子对单词有了深刻的印象后，再引导他们连贯地朗读整句话。

如果是单词连读导致的停顿，家长可以指导孩子使用复读机，反复听、读重点部分，细致剖析语音细节，直到孩子能够流畅地朗读出来。这种自主学习方式也有助于培养孩子独立解决问题的能力。

英语朗读的魅力在于连读，这能让口语更加地道、流畅。如果孩子没有掌握连读技巧，他们在听力中可能会对一些连读现象感到困惑。例如，"an hour" 发音为 [ə'naʊə]，"and I" 发音为 [æn'daɪ]。在指导孩子时，我们可以先让他们慢读，清晰地发出每个音节，通过多次练习，逐渐提高速度，最后形成肌肉记忆和连读意识。这一过程遵循了语言技能从分解到整合、从慢速到快速的自然习得路径。

语文的词语、英文的单词都是学习的基石，需要下功夫去记忆和掌握。然而，有的孩子只停留在对词汇认识的层面："这个词我认识"，却始终不肯动手写一写。针对这种情况，家长不能坐视不管，而应该通过听写、朗读和默写等方式，让孩子发现自己"眼高手低"的问题，给孩子以当头棒喝。先让孩子在课本上标记凸显错误的词汇，再要求孩子在本子上动笔反复书写，然后再次测试，直至他们能够全部熟练掌握。经过这样的训练，第二天孩子上课时就会自信心大大增强，正所谓"家中有粮，心中不慌"。当他们因此取得好成绩和表扬时，他们会对家长的陪伴和引导充满感激和认可。在这个过程中，孩子不仅能够养成良好的学习习惯，而且会产生"努力就会有成绩"的积极认知。

在信息化、数字化、智能化的互联网时代，教师与学生、家长与孩子之间的关系正在发生深刻的变化。孩子们能够自己获取更加丰富的信息，他们的学习方式更加自由，视野更加开阔，对问题的看法也呈现出个性化、多元化的特点。在很多方面，孩子们甚至比教师和家长了解得更深入。因此，教师和家长都要适应这种变化，转变自身的角色，认识到韩愈"弟子不必不如师，师不必贤于弟子"这句话在今天的现实意义，主动承认自己的知识盲区，降低姿态，虚心向孩子学习，与孩子共同探究，成为孩子学习和成长的同伴。

□ 有效陪伴，需要家长保有平常心

内心平和、不被焦虑左右的家长，更有可能培育出同样心境从容的孩子。我们不应鼓励孩子与别人攀比，而应引导他们找到自己的成长节奏与生命价值。

要让孩子能够保持一种行之自然、不疾不徐的学习节奏，家长的心态至关重要。以考前焦虑为例，尤其在孩子面临中考、高考等重大考试时，有些家长甚至比孩子还紧张。

莫言老师在《陪考一日》一文中真实细腻地记录了家长和孩子的紧张心态，我们摘录几段，一同感受一下。

（到宾馆）安顿好行李后，女儿马上伏案复习语文，说是"临阵磨枪，不快也光"。我劝她看看电视，或者到校园里转转，她不肯，一直复习到深夜十一点，在我的反复劝说下，才熄灯上床。上了床也睡不着，一会儿说忘了《墙头马上》是谁的作品，一会儿又问高尔基到底是俄国作家还是苏联作家。我索性装睡不搭她的话，心中暗暗盘算，要不要给她吃安定片。不给她吃怕折腾一夜不睡，给她吃又怕影响了脑子。终于听到她打起了轻微的鼾，不敢开灯看表，估计已是零点多了。

凌晨，窗外的杨树上，成群的麻雀齐声噪叫，然后便是喜鹊喳喳地大叫。我生怕鸟叫声把她吵醒，但她已经醒了。看看表，才四点多钟。这孩子平时特别贪睡，别说几声鸟叫，就是在她耳边放鞭炮也惊不醒，常常是她妈扳着她的脖子把她扳起来，一松手，她随即躺下又睡过去了，但现在几声鸟叫就把她惊醒了。拉开窗帘，看到外边天已大亮，麻雀不叫了，喜鹊还在叫。我心中欢喜，因为喜鹊叫是个好兆头。女儿洗了一把脸又开始复习，我知道劝也没用，干脆就不说什么了。离考试还有四个半小时，我很担心到上考场时她已经很疲倦了，心中十分着急。

早饭就在学校食堂里吃，这个平时胃口很好的孩子此时一点胃口也没有。饭后，劝她在校园里转转，刚转了几分钟，她说还有许多问题没有搞清楚，然后又匆匆上楼去复习。从七点开始，她就一趟趟地跑卫生间。

……

八点三十分，考生开始入场。我远远地看到穿着红裙子的女儿随着成群的考生涌进大楼，终于消失了。

……

女儿那晚最终只睡了四小时。家长在平静的外表之下，内心却是波澜起伏。平日里听不到的"蝉鸣"，今天却让家长心惊肉跳。莫言老师的真实描绘，让我们会心一笑，同时也深感心事重重。的确，有的考生考前一夜始终处在浅睡状态，有的早上吃什么吐什么，有的紧张到腿软尿频。这些现象都揭示了考前紧张的问题。

孩子考前紧张的原因，我们需要从家长和孩子两个方面来分析。

- 来自家长或学校的压力。如果孩子长期生活在对分数高度关注的环境中，他们在考试前自然会产生巨大的心理负担。

- 家长的焦虑情绪传递给孩子。有些家长在孩子中考或高考前会变得小心翼翼，在家不敢高声语，走路轻手轻脚，以免打扰孩子学习和休息。这种过度的关注和保护，反而可能增加孩子的焦虑感。

- 有的家长平时对孩子的学习不上心，却"考前搞突击，考后搞批斗"。这种节奏让孩子无所适从，战战兢兢，视考试为猛虎，考前焦虑也就成为常态了。

- 孩子对自己有高标准的期待，对分数、排名较在意，但由于基础不够扎实，底气不足，对考试产生了畏惧心理。

结合以上情况，要缓解孩子的心理压力，首先，家长需要保持一颗平常心。考试，只是生活中的一件平常事，我们不应该把它看作是一场战役，而应该将其视为孩子学习过程中的一部分。在孩子考试前，家长该干什么就干什么，既不必回避"考试"这个字眼，也不应将"考试如何如何"整天挂在嘴边；既不需要特意地小心翼翼，也不需要过度地嘘寒问暖。因为，家长的任何反常变化都会让孩子感受到压力。考前，家长的反应和表现，孩子是看得到、感受得到的。因此，要想让孩子摆脱考前焦虑的困扰，家长首先要学会自己放下。

在孩子的成长过程中，每一个小问题都可能成为他们心中的大难题。有朋友向我咨询，初二的孩子在期中考试前紧张得失眠，怎么办？深入了解后，我发现这并不仅仅是单纯的睡眠问题，而是孩子对英语学科的不自信和焦虑的体现。从孩子的学习情况看，他在其他学科上的表现都相当优秀，但英语学科却只是勉强及格。这种明显的偏科，无疑加大了孩子对英语的学习压力。我翻阅了孩子的英语试卷，发现上面几乎没有任何重做考题和考后分析的痕迹。这说明孩子并没有掌握正确的学习方法，也缺乏对试卷的深入分析，而这恰恰是提升成绩的关键。

对于如何帮助孩子备考，后文中会详细阐述，在这里，我想强调的是家长的角色。家长不仅要关心孩子的学习，更要积极参与其中，帮助孩子进行试卷分析和错题整理。

在初三、高三备考紧张的阶段，孩子学习任务繁重，几乎没有时间去整理错题。这时，家长的作用就显得尤为重要。父母可以帮助孩子整理错题集，用最便利的方式为孩子提供复习材料。例如，家长可以用手机将试卷上的错误题目拍照并整理成文档，在周末打印出来，让孩子重新做一遍。这些错题对孩子的成绩提升是最有针对性的，也是最有效的。再次做错的，就要复制滚动到下周的错题中，周末再次练习。

家长以这种方式陪伴孩子学习，才是孩子最需要的，不仅能帮助孩子在学习上取得更好的成绩，更重要的是会赢得孩子的信赖。家长的每一次付出，都是在为孩子的成长投资，这是任何物质上的投入都无法相比的。

一个家庭的幸福，很大程度维系在孩子的健康成长上，从这个意义上讲，家长的有效陪伴是对孩子最好的教育和最有价值的投资。

用好日常生活课堂
方法 5

教育的目标，远非单纯地传授知识，它的核心使命是把孩子塑造成一个全面发展的个体，一个准备好未来在社会中担当使命的人。教育的核心问题是：我们究竟希望孩子成为什么样的人？

作为校长，我期望孩子们从我的学校毕业时成为什么样的人呢？我希望他们善于学习，面对问题时能够灵活解决；自信且勇于担当；是团队中备受欢迎的合作者。要达到这些目标，激发他们自主成长的内驱力就是重要的教育支点。

作为父母，早在孩子尚在襁褓之中时，我们便开始在心中勾勒孩子未来成长的模样与个性图谱。我们或许憧憬着，他们能够成长为自信满满、勇于表达内心情感与独到见解的人；期盼着他们能自如地在艺术与体育的舞台上挥洒才情，让创造力与活力成为他们鲜明的标签；更希望他们在人际交往中拥有清晰的自我界限，既懂得尊重他人，也能坚守自我，不因外界的期许而轻易妥协，保持那份纯真的自我与独立的精神……

当我们有了清晰的培养目标，校园与家庭中每一个看似平凡的场景，都蕴含着转化为教育契机的无限可能。

□ 日常生活中的认知培养

在充满活力的校园里，数千名学子熙熙攘攘，每一个都拥有独一无二的个性和才华。在他们的身上，清晰地展示了家庭教育与学校教育的双重影响。孩子的个性不是一次活动仪式或促膝长谈就能塑造出来的，而是来源于生活的点点滴滴。家长应该如何在日常生活的细微之处培养孩子的认知能力、塑造他们未来的模样和个性呢？以下是两个例子。

● **聚会点餐：培养独立社交**

餐厅里，三岁的笑鸿眼巴巴地望着清凉的果汁，却因为对陌生人的胆怯而不敢向服务员开口，希望爸爸妈妈能够代劳。我因为心中有培养孩子独立性的教育目标，也就看到了这个场景中蕴含的教育契机——借机教给孩子与人交往的礼仪。我告诉笑鸿如何以恰当的称呼开口，然后如何简洁而清晰地表达自己的诉求。在我的鼓励之下，当然更多的是因为对果汁的渴求，笑鸿终于迈出了与陌生人交流的第一步，打破了沟通的障碍："阿姨好！我想要一杯鲜榨果汁。"

看到孩子的进步，家长不要忙于庆祝，还要继续巩固成果。结账时，我再次给笑鸿机会，让他参与买单。

随着孩子年龄的增长，我们作为家长还要有意识地让孩子学会自己独立点餐，既关注到自己的饮食喜好，又对其他客人有细致的关照。

公园购票、旅途问路、公交车刷卡，这些看似平凡的生活琐事，都是培养孩子独立能力的生活场景。投资大师沃伦·巴菲特深知独立的价值，他曾说："独立是成长的最高境界。"身为父亲，巴菲特自诩为孩子的引路人，而非保姆。他会适时给孩子提供指导和建议，但从不干涉，让孩子们在挑战中学会自立。

遗憾的是，并非所有的孩子都能获得这样的成长机会。很多家长由于缺乏耐心和教育的智慧，直接上手替孩子整理好玩具和书本；在教育孩子无果后，一次又一次地妥协而替孩子解决难题，在无形中造成了孩子对父母和他人的过度依赖。有一位大学生选择了远离家乡的大学，只为逃离父母的过度保护。但他第一次一个人出门时，"由于不知道如何和别人打交道，买快餐都会紧张到发抖。"导致这一问题的原因，是他的父母从未给过他独立应对生活的练习机会。

● **生活中的识字课**

教孩子识字，这个看似枯燥的过程，也不一定需要按部就班、正襟危坐地进行。只要家长具有教育的敏锐性，识字过程也会妙趣横生。

送孩子上幼儿园的路上看到的商业广告，小区栅栏上的宣传条幅、交通灯上的数字、公交站牌上的地名，都可以作为随机教孩子识字的材料。当孩子能把抽象的文字与生活的具体内涵建立起联系时，深刻的理解与思维就真实发生了。

童书阅读固然是孩子识字启蒙的重要途径，而我们也可以让孩子在实际的生活场景中直接建立情境、语言和文字之间的联系。注意，这里的顺序是：先有情境，然后是语言，最后才是文字。这样的学习方式，不仅更加自然，也更加高效，因为它为孩子创造了一个真实的学习场域。

在孩子的早期发展阶段，尤其是从两岁末至三岁半，语言能力会呈现爆发性的提高。发展心理学的研究揭示，在这个关键期，儿童能够把词汇和短语组合成句子，他们的语言使用量以惊人的速度增长。

以一个日常场景为例。当孩子沉浸在积木游戏的乐趣中时（**情境**），爸爸下班回家，孩子的小脸上绽放出欣喜，兴奋地拉着爸爸的手，发出邀请："爸爸，我在搭积木，你跟我一起玩吧。"（**语言**）

此时爸爸可以拿一张纸、蜡笔或粗一点的彩笔，用醒目的正楷字写下孩子刚才说过的话（**文字**）：

我在搭积木。

你跟我一起玩吧！

然后鼓励孩子跟随爸爸的指引，用手指逐字指读这两行文字，重复两遍。读完后，爸爸可以与孩子一同投入积木游戏，共享亲子时光。

　　孩子进入识字敏感期的时间有早有晚，但普遍在两三岁时显著增强。这个时期，家长可以充分利用孩子对新事物的好奇心和求知欲，即他们想知道"这个字是什么"的强烈愿望，来帮助孩子建立起语言、物体与文字之间的对应关系。在这个敏感期，教育应当灵活多样，不必拘泥于固定的教学程序。家长可以在日常生活和游戏中，抓住每一个机会，见缝插针、自然而然地引导孩子学习。

□ 让知识与生活发生联系

　　在信息时代，教育已经不是简单的知识传授，而是需要与生活紧密相连，培养学生的核心素养，以适应未来社会的发展。2022 年4 月，教育部颁布了《义务教育课程方案和课程标准（2022 年版）》，这是自 2001 年和 2011 年以来的又一次重大修订，不仅仅是对知识的重新梳理，更是对学生发展核心素养的系统性设计。

　　从中，我们看到了诸如跨学科主题学习、项目式研究、学科大概念、大单元教学、知识结构化、情境问题解决能力等一系列新名词和新理念。这些不仅仅是新的教学方法，更是对学生未来发展的关键能力的培养。例如，跨学科主题学习鼓励学生将不同学科的知识融合在一起，以解决实际问题或探索特定主题，这有助于学生建立知识之间的联系，培养综合思考能力。

　　家长们也需要借此与孩子一起研究和学习，帮助孩子掌握更加符合时代和社会发展的科学高效的学习方法。这不仅仅是对孩子的教育，也是家长自我提升的过程。

我们经常听到这样的感叹："学校里学的知识，生活中用得少之又少。"确实，信息并不等同于知识，知识也不会自动转化为素养和能力。然而，新课改的目标正是要改变这一现状，它致力于将知识与生活紧密结合，让孩子们学会如何运用所学知识解决实际问题。

如果孩子能将物理课上学到的知识用来测量家中微波炉的功率，那会给孩子带来多大的成就感！他们不仅需要明确实验目的、确定原理、设计实验电路图，还要选择合适的实验器材、规划实验步骤、记录实验数据，最终得出科学的结论。这样的实践不仅让孩子检验了理论，还培养了孩子独立思考和解决问题的能力。

生活中处处都是知识的宝库。例如，你是否思考过"开水不响、响水不开"这一现象背后的热学原理是什么？或者，你是否好奇过钢笔是如何吸取墨水的？酸奶中微生物是如何发挥作用的？这些都是激发孩子好奇心和探索欲的素材。

在周末与假期，家长也要有意识地设计孩子的成长环境。比如，与孩子一起进行无土栽培实验，或者饲养家蚕和热带鱼，或者自制酸奶和泡菜，或者陪孩子走进乡间田野，让孩子们亲手播种、浇灌和观察植物生长过程。他们不仅会在亲近自然中体验耕种，还会探究诸如玉米的传粉过程等生物知识，在实践中学习。

知识的力量在于应用。只有当知识与生活紧密相连时，孩子们才会真正被激发起学习的热情，产生自我成就感，从而用更大的热情与期待展开对新知识的学习。

给足孩子安全感

方法 6

奥地利心理学家阿德勒曾经指出，我们每个人来到这个世界，都在追求两样至关重要的东西：安全感和价值感。

有的孩子在课堂上因为缺乏自信而不敢回答问题，或者在陌生人面前感到胆怯。这些行为和表现，可能是他们内心深处缺乏安全感的信号。

家庭，是孩子成长的摇篮，也是他们安全感的源泉。家庭充满温暖和支持，孩子才能内心笃定。但如果父母之间的关系紧张，或者对孩子的教育方式简单粗暴，则可能剥夺孩子的安全感，让他们的内心变得脆弱。

□ 和谐的家庭关系：安全感的重要来源

作为父母，有时难免会面临情绪波动。面对孩子的失误，许多家长可能会感到愤怒，而生气的起点往往是对孩子行为的质疑："你怎么会这样？"但是，在发火之前，我们需要转换到孩子的年龄和成长立场，反问自己："他为什么不能这样？"这样的思维方式转换，能帮助我们平复情绪。

当孩子的成绩未达预期时，他们通常已处于自我怀疑之中，正是最缺乏安全感的时候。这时，他们需要的不是来自家长的指责，而是家长的理解、接纳与指导。家长要与孩子共同分析考试中的失误，并勉励他："每个错误都是进步的契机，它能让我们对知识有更深的理解。"这样的安慰与理性的态度，会给孩子积极的心理暗示，让孩子能够以正向的心态面对考试的失利，并培养出成长型思维模式。

孩子最初的内心安全感植根于对父母的依恋，以及父母对其需求及时恰当的响应。婴儿从6个月时就开始产生情绪性记忆，如果每天能够看到爸爸妈妈的笑脸，自己的内心需求都能够被看到并得到满足，婴儿就会产生极大的安全感。反之，如果在这个时期，爸爸妈妈的情绪不稳定，或者对孩子照料不周，婴儿得不到积极情感的关注与抚慰，就会在无形中失去这份宝贵的内在安全感。

孩子内心更长久的稳定感来源于父母的关系。记得有一次，因为笑鸿被问到"更爱妈妈还是更爱爸爸"的两难问题，所以他也同样反问我："爸爸，你爱我多一点，还是爱妈妈多一点？"我毫不犹豫地回答："爱妈妈多一点。你是排在第二位的。"笑鸿点点头，宽慰自己："嗯。毕竟你认识她比认识我早一点。"夫妻间的亲密关系是家庭稳定的核心，也是孩子安全感的源泉。

孩子们的观察力很敏锐，他们能够细腻地捕捉到家庭中的情感流动。当爸爸妈妈展现出恩爱和谐的相处方式时，孩子不仅沐浴在温馨的家庭氛围中，还会逐渐习得平和与开朗的性格特质，并对健康的婚姻关系产生自然而然的期待。

值得深思的是，孩子对"爸爸更爱妈妈多一点"的看法表现出了积极的心理调适。这种调适，实质上反映了安全感的另一个重要维度：自我认同感。孩子在这个过程中学会了理解家庭成员间的不同关系层次，并在理解中找到了自己的位置。

□ 自我认同：孩子安全感的强大支柱

家庭的幸福和谐是孩子安全感的基石，而这种安全感正是孩子形成自我认同的重要基础。自我认同一旦建立，反过来又能增强孩子的安全感，让他们的内心变得更加强大。当孩子对自己的性别、出身、性格、家庭、学校等各方面都有深刻的认同，他们自然会拥有更高的自信和自尊。这种认同感能使他们意识到自己作为家庭和社会成员的独特价值和责任，从而更加健康和积极地面对学习和生活的挑战。

拥有健全的自我认同感的孩子，不易受到外界影响，即便遭遇挫折，也能保持积极的态度，从中看到个人成长的机会，这样的孩子能更好地适应社会环境。

自我认同感发展到更高层次，就表现为内心的稳定，或者说表现为屏蔽力强。

屏蔽力，是一种保护自己不受消极事物影响的能力。如美国心理学家罗素·贝克曼所说："屏蔽力是一项顶级的能力。任何消耗你的人和事，多看一眼都是你的不对。"小树妈妈在其同名微信公众号中讲过一个具备屏蔽力的小女孩的故事。面对喜欢骂人的同桌，她冷静地分析：他骂人，是他的素质低，不是我的错；骂人，说明他有负面情绪要发泄，或者想跟我说话，又不知如何好好开口。女孩决定不让负面情绪影响自己，于是她告诉对方："你不高兴，是你的事，跟我没关系。你想跟我说话，就好好说，否则我就不搭理你。"有了这种强大的内心稳定性和自我调适力，孩子就不会被外界环境干扰，也不会因他人的评价而动摇，能够心无旁骛地走自己的路。

□ 爸爸的拥抱：孩子安全感的坚实港湾

父亲与母亲的性格差异，给予孩子的成长不一样的教育助力。父亲对孩子内心安全感的培育具有不可替代的作用。

耶鲁大学的一项研究结果发现，如果父亲陪伴、参与孩子的成长程度较高，孩子的智商也会比较高，在学校容易取得更好的成绩，同时具备更强的思维、动手能力、创新能力和社交能力。为什么会有这样的差异呢？

一是因为很多男人童心未泯。富有童心的父亲更容易与孩子打成一片，促进大脑神经元的发育。正如"父亲角色"理论所认为的，父亲在孩子的成长中最基本的角色是游戏玩伴。

二是与母亲的管束相比，父亲的运动和冒险精神会给予孩子探究世界的勇气、信心和兴趣。同时，在运动中，孩子会受到外界视觉、听觉、触觉等多元刺激，反应能力、应变能力会得到训练与提高。从父亲带孩子玩的项目就可以窥见一斑：攀岩、爬山、骑行、骑马、远足、野营、溯溪、体验过山车……

三是父亲对孩子的关怀方式更理性，更容易看出孩子在学习、游戏、做手工时遇到困难的原因所在，能够从孩子的视角给予孩子简练而清晰的指导，让孩子透过问题看到问题和知识的本质，从而从根本上解决问题，达到理解、掌握知识点和生活技能的目的。

虽然我们对家庭教育父母角色分配的研究已经很深入，但我们发现，很多家庭的父亲仍然是缺位或隐性的。参加家长会的大都是母亲，父亲则往往以工作繁忙、打拼赚钱为由回避孩子的家庭教育。下班后，父亲在外应酬，回家晚也是常态，甚至被认为理所应当，或者回家后，也忙于自己的工作或玩游戏、刷视频，缺少与孩子交流、互动等有效陪伴。

简知与壹心理发起的《2021 年中国家庭教育白皮书》调研显示，父亲占据孩子教育主导地位的家庭数量不足两成。这种父亲角色的缺失，不仅可能削弱孩子在成长过程中的责任感和自信心，还会导致他们在面对新事物和新挑战时缺乏勇气。此外，这些孩子在人际交往中更容易表现得胆怯和不安。

美国西北大学一项持续近 30 年的研究项目发现，"父亲是否参加家长会"与"孩子长到 27 岁时的收入"之间极具相关性，父亲只要坚持参加孩子学校组织的活动，就能显著提高孩子的学习造诣和事业成就。当然，我们应当认识到，参加学校活动只是表面现象，背后需要我们关注的是父亲对自己角色的深刻理解和认真实践。

现在，一些学校已经开始重视父亲在教育中的作用，甚至特别要求父亲参加家长会或开展专门针对父亲的家庭教育培训。尽管这种做法的初衷是积极的，但它也可能无意中忽视了单亲家庭的现实情况。这也引出了另一个值得深思的问题：对于那些父亲缺位的孩子，我们应该如何确保他们在成长过程中也能获得父亲角色所带来的支持和安全感？我们学校举行"十四岁生日"、毕业典礼或"成人仪式"等活动涉及父亲角色时，我会特别提醒班主任为没有父亲的孩子安排执教的男教师，以进行情感与活动的互动。

英国学者杨格说："男人最是铁石心肠，但只要当了爸爸，就会有一颗温柔的心。"父亲如果能经常拥抱孩子，这一定是孩子成长中最安全的臂膀和港湾。父亲这种独特的存在，不仅是使孩子学会独立自强、管理情绪、遵守规则的关键，也是孩子自尊和自律的基石。一个自律性强的孩子背后，往往有一个自控力强的父亲在全力托举。

在此，我们要特别强调"自控力"的重要性。作为父亲，需要警惕并避免所谓的"大男子主义"，这种思想往往会导致攻击性的行为模式。研究表明，具有这种行为特征的男孩，通常有一位控制欲强、情绪暴躁的父亲。

要避免大男子主义对孩子的影响，做父亲的必须尝试改变自己，主动和妻子分担家务，摒弃"家务是女性责任"的陈旧观念，允许并鼓励男孩表达情感，不要用"男儿有泪不轻弹"的过时理念束缚男孩。此外，父亲应当以身作则，避免对孩子或其他家庭成员进行贬低或评判，尤其是针对他们细腻、敏感或脆弱的情感表现。

通过这些措施，父亲不仅能够为孩子树立正确的行为典范，还能帮助孩子建立起强大的自控力，为其未来的成长和社交打下坚实的基础。

第二章

构建稳固的家校关系，
形成教育的合力

在教育孩子的过程中，家庭和学校是两个不可或缺的环境。它们并不是泾渭分明孤立存在的，而是相互渗透、相互影响，共同塑造着孩子的未来。

家庭是孩子情感的港湾。父母的每一个动作、每一句话语，都无声地影响着孩子。家庭的氛围、价值观，以及父母对孩子生活习惯的培养，都为孩子的性格和心理成长奠定基础。

学校则是孩子学习知识和培养社会技能的主要场所。在这里，孩子通过系统的学习和与同龄人的互动，学会了合作、竞争和承担责任。学校不仅仅是知识的殿堂，更是炼就孩子社交能力和团队精神的熔炉。

当孩子从家庭走进学校，他们从家庭中习得的价值观、思维模式、行为习惯、待人处事的方式将在学校这个小社会中接受检验。同时，学校的办学理念、文化环境、课程活动等，也会形成教育的场域，对孩子的成长产生深远的影响。孩子、家长和教师，这三者构成了教育的核心三角，三者之间的关系和互动，决定了孩子能否在家校的共同培养下健康成长。

为了实现最佳的教育效果，我们需要家长、教师和孩子共同协作，形成"1+1+1>3"的教育合力。这意味着家校不仅要在教育目标上达成共识，还要为孩子搭建一个支持他们成长的平台。更重要的是，我们要激发孩子的内在动力，培养他们的成长型思维，让他们在这个稳固的教育"铁三角"的支撑下茁壮成长。

强化家校沟通：让家访拉近家校合作距离

方法 7

孩子的成长离不开家长与教师之间的沟通。尽管在日常忙碌的生活中，家长与教师面对面交流的机会不多，但这并不意味着不能建立有效的沟通渠道。

期中或期末的家长会上，家长会与老师见面，这是了解孩子在学校表现的重要时刻。此外，校园（课堂）开放日、家访、电话或微信沟通以及单独约谈，都是家长与老师交流的契机。

随着信息技术的飞速发展，家校沟通的方式也在不断丰富。现在，很多学校通过智慧校园建设，利用学生评价系统，让家长能够实时了解孩子的在校情况。孩子的学业成绩、行为表现、身心发展等信息都能通过系统及时传达给家长，实现家校之间的紧密联系和教育的同频共振。

□ 用好家访共促孩子成长

学校在"学校家庭社会协同育人机制"中扮演着主导角色，家访是家长、教师与孩子沟通的重要契机。2023 年 1 月教育部等十三部门联合印发《关于健全学校家庭社会协同育人机制的意见》，明确指出："（学校）要认真落实家访制度，学校领导要带头开展家访，班主任每学年对每名学生至少开展 1 次家访，鼓励科任教师有针对性地开展家访。"

　　当下，线上家访已成为一种普遍采用的方式。尽管这种方式打破了家庭与学校的时空界限，在进行线上家访时也需秉持正式的态度。

　　首先，在技术手段的选择上，宜采用如腾讯会议、Classin 等专业且稳定性强的在线交流工具。此类平台不仅具备高清音视频传输能力，确保交流过程中声音清晰、画面稳定，还往往集成屏幕共享、实时互动等功能，有利于各方无缝对接，营造面对面般的沟通氛围。

　　其次，线上家访应充分调动各方资源，构建起立体的沟通网络。参与主体应涵盖班主任、科任教师、学校管理层代表，以及家长与学生。班主任作为家校沟通的纽带，能全面介绍学生的在校情况；科任教师则能针对性地反馈学科表现与学习建议；学校领导的参与彰显了学校对家访工作的重视及对家庭教育的支持；家长与学生的参与交流，则有助于学校深入了解学生的家庭教育环境与个体需求，有助于家校达成教育共识，形成教育合力。

　　还有，尽管身处虚拟空间，线上家访时仍须遵循现实交往中的礼仪规范。参与者应着装得体，展现出对家访活动的尊重。家长与学生应事先整理好视频背景，确保画面中家庭环境整洁有序，既体现对校方的诚挚欢迎，也能避免无关元素干扰家访交流。

　　多数情况下，家访是要求班主任亲自到学生家中进行的。家庭是私密空间，家长与孩子邀请教师来到家中，可以增进师生之间的亲近感，有助于建立彼此的信任和理解。家访一般安排在新班组建时，班主任通过假期家访了解孩子的家庭生活和学习情况；有时会进行适时的家访，如在孩子取得进步、遇到挫折或与同学发生纠纷时进行家访，针对性就会更强一些。

家访不仅是教师了解学生的机会，更是家长培养孩子自我管理能力的重要契机。家长要让孩子参与到家访的准备和接待中，让孩子梳理接待的细节，培养他们的责任感和社交技巧。以下是一些建议：

- **家务整理**：鼓励孩子参与家务整理，包括客厅、卧室、书桌等。
- **茶水准备**：让孩子参与茶水的准备，培养生活技能。
- **日常介绍**：引导孩子介绍自己的家庭生活、体育锻炼、居家学习等情况，让老师更全面地了解孩子的日常生活。
- **才艺展示**：鼓励孩子展示自己的音乐、美术、读书等才艺和爱好。
- **礼物设计**：提示孩子准备一份小礼物，如自制贺卡、绘画、书法作品或写给教师的信等，培养孩子的社交技巧。

通过这样的准备和接待，家长不仅能够为家访创造和谐轻松的氛围，还能有效地消除孩子的紧张感，让孩子更加自信地参与交流。

家访不仅是教师了解学生的机会，更是家长与教师合作的宝贵机会。家长应该充分利用这个机会，与教师共同探讨如何提升孩子的素养、能力和学习成绩。以下是一些交流内容列举。

- **个性特点介绍：**家长应向教师介绍孩子的个性特点、特长和优点，同时也要了解孩子在班级集体生活中的表现。
- **成长策略研讨：**家长、教师和孩子可以共同讨论如何提升孩子某方面的能力、提高某学科的学习成绩等。例如，如果孩子在公众场合过于拘谨，教师可以介绍学校设计的相关活动，鼓励孩子积极参与。
- **学科学习建议：**教师可以给出居家学习、课堂听讲等方面的建议，家长则需要协助孩子落实相关的学习策略。
- **客观坦诚评价：**家长和教师都需要注意客观评价孩子，对于孩子的错误和问题，要清醒地认识，坦诚地交流，不袒护孩子，为孩子的成长负责。

家访结束后，家长应与孩子交流家访体会，肯定教师对孩子的表扬，明确以后的努力方向。同时，家长也要及时与教师进行沟通，同步孩子家访后的点滴进步，扩大家访的教育效果。

□ 表扬信的作用与家校沟通策略

写表扬信也是家长与学校、教师沟通的一种积极方式。表扬信要有具体的故事和案例，内容来源主要是孩子回家的叙说和家长自己的观察。表扬信能够对教师的爱心与付出给予认可和尊重，激发教师对教育的更大热情，对学校而言，这也是进行师德建设的重要素材。以下是一位家长写给学校的表扬信，很好地肯定了教师对孩子的关爱，为家校沟通注入了正向的力量。

表　扬　信

尊敬的校领导：

　　您好！

　　我是某某的妈妈。在此，我由衷地向学校表扬班主任王老师。王老师真的是一位德才兼备的好老师，她对待学生的责任心以及教学水平，令我非常钦佩和感动。下面我先讲两件真实发生在我孩子身上的小事情。

　　第一件事情是，有一次孩子请假在家学习。王老师每天一早就会发来当日需要观看空中课堂的任务以及当日需要完成的习题，特别是放学后，还会让同学（与我们住在同一个楼）给孩子送来练习本、习题册，并让同学当面告知当天的学习任务，避免因请假而耽误学习进度。王老师的这种做法让我特别感动。她全心全意地替学生和家长着想，真切地关心孩子的学习情况，尽可能地不让孩子耽误学习进度，这一点真的特别难得。

　　第二件事情是，三月份的某一天，刮大风。放学的时候，王老师带着班里学生出来，每个学生只要衣服有帽子的，帽子全都扣上了。这虽是一个特别细小的细节，却足以彰显王老师的细心和对孩子无微不至的关爱。毕竟是二年级的学生，多数孩子想不到生活各方面的细节，但是王老师会时刻提醒大家"天气不好""把帽子戴好""多喝水"等，这也是在为我们家长分忧。

以上两件事情，虽然微不足道，但正是这种细小的事情，体现了王老师的职业素养和责任心。孩子能遇到一位这样的好老师，是孩子和我们做家长的最大的幸运。

以上内容，是我作为一名学生家长的真切感受，希望校领导能够表扬像王老师这样的好老师，让这种负责任的好老师受到推崇。

×× 妈妈

家长由衷地表达对教师辛勤付出的感谢，不仅体现了家长对孩子成长的密切关注，无疑也是对教师的有力鼓舞，以及对学校教育工作的有力支持与鞭策。同时，家长对学校教育的理解与参与，进一步强化了家校共育的紧密联结，共同为孩子的全面发展构筑了坚实基础。

除了赞扬，更多需要家校沟通的情况可能是孩子遇到了问题。

当孩子与同学发生冲突并认为教师处理问题有失公允时，家长应结合实际情况，审慎地依据具体情境，采取适当的途径与校方进行有效沟通，可以直接与负责孩子日常事务的班主任沟通，详述问题细节，表达关切，寻求初步的解决方案。若问题未能妥善解决，或涉及年级整体管理事宜，家长可进一步与年级组长沟通，借助其对年级环境的全面了解与协调能力，推动问题得到更深层次的关注与处理。

如遇涉及学生行为规范、品德教育等深层次问题，或对教师的教育行为存在异议，家长宜联系学校的德育处（或称学生发展处、学生成长中心），该部门专门负责学生的品格培养与校园风气建设，能从制度层面给出权威教育指导，甚至介入调解。而针对课堂教学、课程设置等教学相关问题，家长则可咨询教学处（或课程与教学中心、教师发展中心），该部门能从教学的专业视角审视问题，提出针对性改进建议。

在遵循上述沟通路径的同时，家长应当意识到，通常情况下，问题的解决无须上升至学校管理层以上层级。这样既能避免不必要的行政流程，节省家长与学校双方的时间与精力，也有利于维护校园内部管理秩序，确保问题在最贴近实际运作层面得到高效处理。毕竟，无论是同学间的摩擦处理、师生关系的调适，还是家校合作的深化，只要各方秉持理解、尊重与合作的态度，任何看似棘手的问题都能够化解，只不过是处理方式和时间长短的问题。

鉴于当前微信已成为家校沟通的重要途径，家长在使用微信沟通时还需特别留意发送信息的方式与场合。一方面，对于涉及个人隐私、具体事件细节或情绪化表达的内容，建议采取私聊方式与相关教师或管理人员一对一交流，以保持沟通的针对性与私密性；另一方面，在班级或年级家长微信群中发言时，应秉持客观、理性和建设性的原则，聚焦普遍性问题或提出建设性意见，避免公开讨论个案纠纷，以免引发不必要的误解与纷争。这样既能确保问题得到有效解决，又能营造积极、和谐的线上家校互动氛围。

通过这样的沟通策略，家长不仅能够帮助孩子解决问题，还能够维护和促进家校之间的良好关系。

日本教育家多湖辉曾分享过一个与教师沟通的故事，给我们很大启发。

一位植物学家的儿子拿着一株不知名的小草请教老师，但老师不认识。于是，老师和颜悦色地对他说："你的父亲是一位著名的植物学家，不妨去请教他，老师也想知道小草的秘密。"

第二天，孩子又来找老师："爸爸说了，他也不知道小草的名称。他还说，老师您一定知道，只是一时忘记了。"说完，孩子还顺手把爸爸写的一封信交给了老师。

老师打开信，上面详细地写明了小草的名称和特性，最后还附着一句话：希望这个问题由老师回答，想必更为妥当。

这个故事生动地展示了家长、教师与孩子间相互尊重、信任与合作的良性沟通模式，教师以开放的心态接纳未知，家长以谦恭的方式支持学校教育，孩子则在其中学会了尊重知识、理解他人。

最后要提醒的是，在家校沟通中，永远不要忽略孩子本身。在轻松的家庭氛围中，比如饭桌上、睡觉前，可以让孩子聊聊学校的生活、自己一天中高兴或不开心的事情。曾经有一位小朋友因为性格胆怯、敏感，没有及时和家长、教师沟通自己身体不适的情况，导致其在学校正常的体育运动中受到了不必要的伤害。所以，我们要充分鼓励孩子主动向家长和教师谈出自己的感受与诉求，这也是家校沟通中容易被忽略的重要一环。

方法8 参加家长会：精准把握教育要点

家长会是家庭教育与学校教育的结合点。它不仅为家长开辟了洞悉孩子校园生活全景的窗口，更赋予家长亲身介入、共促孩子成长的宝贵契机。为了使这一互动机会发挥最大价值，家长有必要对家长会做充分的了解和准备，并全身心地热情参与。

□ 了解家长会的内容

通常情况下，家长会包括两个环节：集体家长会和班级家长会。集体家长会以集中会议的形式展开，全体家长齐聚礼堂，或者借助现代技术手段进行全校或年级的线上直播，目的是传达学校层面的总体信息与政策导向。随后，交流活动将进一步细化，转为班级家长会进行更具针对性的家校对话。

聚焦学校层面的集体家长会，其核心内容构成可概括为以下几个方面。

一是学校概况与发展规划。校方领导详细介绍学校的办学理念、教育特色、师资力量、硬件设施、课程体系等基本情况，让家长对孩子的就读环境有一个全面而深入的认识。此外，也可能会阐述学校未来一段时间内的发展规划、教育改革举措以及年度工作重点，使家长了解学校的战略方向和教育愿景。

二是教育教学成果展示。学校会通过数据、案例、荣誉奖项等方式，系统性地汇报过去学期或学年的教育教学成果，包括学生学业成绩的整体水平、各类竞赛获奖情况、素质教育项目实施成效、毕业生升学率等，以此彰显学校的教育质量与育人成就。

三是政策解读与重要通知。针对国家教育政策的新变化、地方教育部门的规定调整，以及学校内部的规章制度更新，对家长做出权威解读，确保家长知悉并理解这些政策对孩子学习生活的影响。同时，校方会借此机会发布重要的学期或学年通知，如校历安排、假期规划、重要活动预告等，便于家长提前做好相应准备。

四是家校合作倡议与期待。学校会强调家校合作的重要性，阐述家庭教育与学校教育相辅相成的关系，倡导家长积极参与孩子的教育过程。这可能包括对家长参与校园活动、志愿服务、家长委员会工作的邀请，或对家长如何有效配合学校教学、监督孩子课后学习、营造和谐的家庭氛围等方面的指导与期待。

五是互动答疑环节。集中家长会通常设有专门的互动环节，由校领导、教师代表或相关部门负责人现场回答家长提出的普遍性问题，或收集未能即时解答的问题，承诺后续予以回应。这既是学校对家长关切的有效回应，也是增进家校互信、优化教育服务的重要途径。

班级家长会一般是在孩子所在的教室举行，家长坐在各自孩子的座位上，亲身体验孩子们上课的环境氛围，从而对孩子的校园生活有更直观、深入的感知。班级家长会聚焦于更为细致、个性化的交流，其主要内容包括以下几方面。

一是班级活动纪实与成长回顾。班主任将以讲故事的方式，回溯班级活动的精彩瞬间与难忘经历。这不仅包括对主题班会、社会实践、文体竞赛等集体活动亮点的回顾，还涉及孩子们在团队协作、品格养成、能力提升等方面的成长轨迹，使家长们能够生动地感知孩子在校的集体生活与成长历程。

二是学科教学剖析与学业指导。各科任教师将逐一解析各自学科的教学内容、教学方法、学习进度及考核标准等核心要素。他们会结合具体教学实例，阐述学科特点、难点及学习策略，明确学业要求与期望，同时分享孩子们在课堂上的学习表现、进步趋势以及有待提升之处，为家长提供有针对性的家庭辅导建议。

三是一对一深度交流时段。班级家长会一般都会预留充裕的时间供家长与教师进行面对面的交流。此时，家长可以就孩子的各科学习情况、行为习惯、心理状态等方面的疑问，与对应教师进行深入探讨，获取对孩子具体表现的细致评析以及个性化教育建议。此环节旨在搭建家校深度沟通的桥梁，共同为孩子的个性化发展制定精准策略。

四是导师制专属对话。若学校推行导师制，班级家长会还将安排导师与家长进行专享对话时段。导师作为孩子在校生活全方位的指导者，将基于长期的密切接触与观察，为家长提供对孩子性格特质、兴趣特长、社交能力、情绪管理等方面的深度解读，与家长共同探讨孩子的长期发展规划，确保家庭教育与学校教育在理念与行动上形成高度协同，为孩子的全面发展保驾护航。

家长会旨在构建一个全方位、多层次的家校沟通平台，让家长全面了解学校的整体风貌、教育实践和孩子在校学习生活的状况，明确家校合作的方向与路径，携手共创有利于孩子健康成长的良好教育生态。

□ 参加家长会的"六要"准备

为了充分利用家长会这一宝贵的沟通机会，家长应在会前做好充分准备。

一要设定目标与问题。明确希望通过家长会了解哪些具体信息，预设想与教师讨论的主题，列出关心的问题清单，以便在有限的时间内聚焦重点，提高沟通效率。

二要熟悉学校的教育动态。了解学校近期的教育教学改革、活动安排、规章制度等，以便与教师讨论时能身处同一话语体系，增进理解与共识。

三要回顾孩子在家的表现。整理孩子近期在家的学习、生活情况，包括学习习惯、兴趣爱好、情绪变化等，以便与教师分享，形成家校观察的互补，共同勾勒孩子全面的成长画像。

四要准备记录工具。携带笔记本、录音设备或其他电子设备，以便详细记录教师的反馈、建议及重要信息，避免遗漏重要细节。

五要注重着装细节。为了显示对家长会的重视，回应学校的精心准备以及孩子对家长出席家长会的期待，家长参加家长会时应选择得体的服装，避免穿着拖鞋或奇装异服。

六要调整心态与时间。保持开放、尊重与合作的心态，理解教师的辛勤付出，愿意倾听不同的观点，共同寻找最佳教育路径。同时，预留充足的时间，确保全程参与，不受外界干扰，专心与教师及其他家长深度交流。

□　参加家长会要动眼、动手、动脑

参加家长会时，家长要根据前期的了解与准备，积极观察、记录、思考，做到"动眼、动手、动脑"。

● **动眼：观察与感知**

在时间允许的情况下，家长可以提前到校，在校园内四处转转，了解一下校园文化，熟悉一下孩子常跟家长提起的地点，如操场、体育馆、劳动园地、假山亭台等，直观感受孩子的校园环境，这样平时与孩子交流时就会有更多的情感连接点。

通过老师的介绍、作业的展示、学生作品或活动照片等，了解孩子在学校的综合表现，包括孩子学习成绩、课堂参与度、行为习惯、社交能力、兴趣特长等，直观感知孩子在校生活的全貌。

在教室内观察科任教师的言谈举止、教学风格以及与学生互动的情形，感受教师的专业素养与教育热情。同时，留意教室布置、教学设施、校园文化展示等，以了解孩子的日常学习环境。

通过观看班级合照、团队活动视频或聆听教师对班级整体情况的描述，感知孩子所在班级的同伴关系、团队精神，以及班级的整体学习氛围。

● 动手：记录与收集

由于场地的限制，一般情况下学校只允许一位家长参加家长会。因此，参会的家长需要承担起向另一位家长传达家长会内容的任务。为了确保信息的准确性和完整性，做好记录与信息收集是非常重要的。携带笔、本或笔记本电脑可以帮助家长更好地记录重要信息。如果需要拍照、录音或进行文字转录，提前给手机、会议本等电子设备充满电量，或带上充电宝，以保证记录的顺利进行。以下是一些需要记录与收集的内容。

首先，记录学校理念。每所学校都有自己的办学理念、特色课程、经典活动，家长通过校长或年级组长的介绍，可以整体了解学校的办学思路，了解学校为孩子搭建的成长和展示平台，有意识地借助学校的平台培养孩子的专长，为孩子的成长争取机会。例如，有的学校有舞蹈、合唱、管乐、戏剧等多种艺术社团；有的学校设有棒垒球、健美操、足篮排等体育社团，体育特色明显；有的学校拥有先进的科学实验室，机器人编程成绩斐然；有的学校竞赛课程体系完备……家长记下这些信息，可以与孩子交流分享，加强与相关教师的沟通，让孩子充分准备，在准确的时间点上争取加入相关课程或活动。

其次，记录培养重点。不同年级和学段的孩子，其特点、表现和需要培养的重点是不一样的，教师会对孩子的学习进度、行为表现、个性特点、优缺点等进行详细反馈，针对孩子不同成长阶段的培养重点（见表 2-1）提出建议和改进措施。

表 2-1　小学生各学段培养重点

学段	培养重点
低段	• 握笔姿势。正确的握笔姿势对孩子的书写发展至关重要。 • 专注力培养。通过各种活动和游戏，帮助孩子提高专注力。 • 生活习惯。培养孩子早睡早起、自己整理书包等良好的生活习惯。
中段	• 阅读技巧。教授孩子圈点勾画的阅读方法，提高孩子的阅读理解能力。 • 语言表达。通过复述故事等活动，训练孩子的语言表达能力。 • 任务和时间管理。帮助孩子学会合理安排任务和时间，培养孩子的自我管理能力。
高段	• 学习能力提升。鼓励孩子积累好词好句，提高孩子的阅读和写作能力。 • 阅读感悟。引导孩子表达自己的阅读感悟，培养孩子的深度思考能力。 • 班级职务竞选。鼓励孩子参与班级职务竞选，培养孩子的领导力和团队合作能力。 • 合作探究实践。与志同道合的伙伴一起策划和参与项目式活动，培养孩子的创新能力和实践能力。

教师在孩子的培养方面是专业的，他们每天、每年面对同年龄段的不同个性的孩子，熟知孩子的成长规律和学科特点，会在家长会上集中给出不同的建议。做好这些记录，可以让家长抓住孩子成长的关键期，给孩子以适当的助力。

最后，还要做好资料收集，获取孩子的成绩单、作业样本、课堂表现报告、心理测评结果等书面材料，以及学校手册、课程大纲、活动安排表等信息资料。拍摄校园环境、教室布置、孩子作品展示等照片或视频，做好影像留存，便于后续回顾和与孩子分享。记下或索要班主任、科任教师及其他重要联系人的联系方式，以便后续沟通交流。

● 动脑：思考与分析

家长会后，家庭成员要一起分析讨论如何改进家庭教育、促进家校合作，为孩子的进步营造更好的教育环境。

一是评估孩子的发展。根据所获取的信息，分析孩子在学校的表现与在家中的差异，思考孩子在学习、行为、社交等方面的优势与挑战，评估其成长轨迹与发展趋势。

二是调整家庭教育策略。反思当前家庭教育方式是否与学校教育理念相契合，思考如何根据教师的建议调整家庭教育策略，以便更好地支持孩子的发展。

三是规划家校合作。思考如何与学校建立更有效的沟通机制，参与和支持学校的各项活动，形成家校合力，共同促进孩子的全面发展。

四是利用好教育资源。考虑如何利用学校提供的教育资源，如图书馆、在线学习平台、家长教育讲座等，提升家庭教育效果。

总之，作为家长，参加家长会不仅要通过观察收集信息，更要思考如何将这些信息转化为具体的行动，实现家校之间的深度合作，更好地支持孩子的学习和成长。

方法 9　参与班级事务：拓宽互动边界的六种途径

学校办学不仅依赖于内部师资与设施的优化，也离不开外部社会资源的有力支撑，其中家长群体的深度参与尤为关键。家长们可依据个人专长与兴趣，灵活融入学校、年级或班级的各项活动中，实现对学校发展与学生进步的双重推动，同时增进与教师团队的沟通理解。除了传统的家委会角色外，家长参与班级事务的方式还有很多，以下列举六种颇具实效的途径。

1. 专家课堂：分享专业领域知识

有些学校会致力于为学生搭建跨学科的知识平台，而作为社会各领域专业人士的家长，实际上构成了一个宝贵的教育资源库。家长可以向学校提供自己的专业背景，利用自身的行业经验与学术积累，为孩子们带来各领域的前沿知识。这样做既填补了学校课程体系的空白，又为孩子们打开了探索未知世界的新窗口。家长根据自己的情况安排参与的时间和形式，可以开展一次性或系列讲座，也可以定期举办课后选修课程。这样的互动不仅能启发其他孩子的专业志趣，为他们未来的职业规划奠定基础，还能让自己的孩子在校园内亲眼见证父母的专业风采，并为此感到骄傲和自信。

2. 志愿服务：参与孩子的校园活动

班级每学期都要举办各种活动，尤其是外出或校内大型活动，如春游、新生入学、十四岁生日、入境教育、百日誓师、成人仪式、毕业典礼、联欢会等活动。这些场合亟需热心家长提供志愿服务，协助进行活动策划、物资筹备、现场协调等工作。家长在时间允许的前提下积极加入志愿者队伍，既能为活动顺利进行提供助力，也能通过亲身参与孩子的校园活动，拉近亲子关系，增进家校理解与互助。

3. 积极发言：分享家庭教育心得

当学校或班级组织家长论坛、教育沙龙、家长会等活动时，家长可主动申请发言，分享家庭教育心得、亲子关系建设、孩子心理成长等话题。准备演讲的过程既是对自己家庭教育理念与实践的反思与提炼，也是对孩子成长历程的回顾与展望。家长的公开分享能激发孩子对自我成长的认同感与自豪感，同时也能为其他家长提供借鉴，促进家庭教育观念的交流与提升。

4. 家长委员会：深度参与班级管理

对于时间充裕且愿意为学校教育投入更多精力的家长，竞选家长委员会（简称家委会）成员是一种直接参与班级管理、支持班主任工作的有效方式。家委会成员不仅协助策划、组织各类班级活动，还参与班级日常教学活动，为教育教学提供合理化建议。在家委会这个平台上，家长能够深入了解学校的政策、课程设置及教学动态，这种参与最终能够有效地转化为家长对孩子教育的前瞻性和科学性的提升。

5. 线上互动：构建信息共享社群

利用现代通信技术，家长可以通过班级微信群、学校专属 App 等线上平台积极参与交流，及时关注并回应教师发布的通知、作业要求、学习进度报告等信息，保持与教师的良好沟通。同时，家长也可以在群内分享有益的教育资源、育儿经验，对教育热点话题进行讨论等，形成积极的线上学习社群，共同营造良好的家庭教育环境。

6. 资源引入：丰富学校教育内涵

如果条件允许，家长可以将自己的企业资源、行业人际关系引入校园，为学生提供实习、参观、实践等课外学习机会；还可以与教师联合设计并实施各类学习项目，如科学实验、社区调研、文化创作等，将个人的职业技能、生活智慧与孩子的课程内容紧密结合，使孩子在实践中深化理解、锻炼能力。例如，工程师家长可以协助开展机器人制作课程，律师家长可以指导模拟法庭活动，环保人士则可带领学生进行生态环境调查。

家长参与班级事务的方式丰富多样，既包括直接的教学辅助、活动组织，也涵盖信息交流、资源支持等多个层面。家长可根据个人情况与专业领域，选择最适合自己的参与方式，与学校携手共建有利于孩子全面发展的教育环境。

拓宽教育视野：把洞见转化为行动
方法 10

美国心理学专家琳达·卡姆拉斯的研究表明：3 ~ 13 岁的孩子智力处于自我构建时期，这段时期他们对事物还没有形成自己的看法，往往通过模仿父母的行为来构建自我。

事实上，人的一生中，很难完全摆脱父母对我们的影响，这种影响包括思维与行为。如果父母总是谨慎行事，生活在自己的小圈子内，孩子可能也会继承这种保守的态度，难以主动或理直气壮地去争取自己的权益；如果父母对孩子百依百顺，无条件地满足孩子的每一个物质需求，孩子成年后也难以形成良好的财商思维。

因此，我们要将这些洞见转化为行动，充分意识到自身对孩子成长的深远影响。作为父母，应积极提升自我，以开阔的胸襟与不懈的努力，为孩子营造一个充满更大可能性的成长环境。

□ 家长的言行影响着孩子的梦想与追求

孩子们的梦想和抱负往往反映了他们所受到的家庭影响。家长的言行、兴趣与价值观，都会对孩子的职业选择和人生目标产生深远的影响。

在一次校长午餐会上，孩子们畅所欲言，分享自己的理想。一位六年级的女孩表达了自己想成为一名外交官的愿望，这份志向源于她爷爷的熏陶。她的爷爷热衷关注世界动态，经常与她分享新闻，讨论国际局势，不仅拓宽了孩子的视野，也在无形中种下了她对外交事务的浓厚兴趣。

还有一位女孩，她的妈妈是医护人员，在遇到紧急医疗任务时，妈妈总是积极坚守在第一线。女儿被妈妈的奉献精神深深感动，立志成为一名医学家，研究出能够克服病毒的有效药物，保护人们的生命安全。这样的榜样力量，是任何教科书都无法比拟的。

还有一位男孩说，他的爸爸经常带着他一起阅读《万物》《好奇号》等科学杂志，一起探索克隆技术的奥秘。父亲这种对科学的热爱和对生命的尊重，激发了儿子成为生命科学家的梦想。这位男孩希望利用科技的力量，让那些已经灭绝的物种重新回到这个世界。这是父亲传递给儿子的最宝贵的财富。

然而，家长的影响并不总是积极的。如果家长经常表现出对生活和社会的不满，孩子也可能会变得情绪化，对小事过度敏感，甚至难以融入集体生活中。因此，家长的情绪管理能力和世界观，对孩子的心理健康和社会适应能力具有重大影响。

在事业上要有利他之心，稻盛和夫的这一理念同样适用于教育孩子。仅仅向孩子灌输"好好学习——上好大学——找好工作"的思想，成长目标就失之于浅，也难以培养出孩子高远的志向、直面困难的勇气和持之以恒的毅力。

在一份语文试卷中，作文考题中的两幅漫画生动地揭示了面对相似教育情境时，父母不同的教育方式给予孩子截然不同的人生导向。

第一幅漫画中，一位母亲神色严肃，手指向正在辛勤工作的服务人员，对孩子厉声言道："如果你不努力学习，将来就会像她一样。"孩子的脸上掠过一抹惶恐不安，眼神中透露出对未知未来的深深忧虑。这种以贬低他人职业、制造生存恐惧的方式来鞭策孩子学习的方式，无疑使孩子长期处于紧张与焦虑之中，充满了对未来不确定性的恐慌。这种教育方式忽视了对个体价值的尊重，也未能引导孩子建立积极向上、尊重劳动的价值观，反而可能滋生功利主义心态，对孩子的人格成长与心理健康构成潜在威胁。

　　第二幅漫画中，则是一位母亲面带微笑，指着正在辛勤工作的服务人员温和地对孩子说："如果你能用心学习，将来就有能力为她和更多人创造一个更美好的世界。"话语间充满鼓舞与期待，孩子眼中闪烁着坚定的光芒。这种教育方式以正面激励为主导，强调学习的目的在于提升自我以服务社会，让孩子在理解学习的意义的同时，培养出关爱他人、勇于担当的精神风貌，从而激发他们持久的学习热情与内在动力。

　　所以，培育孩子不要抱有功利心，不要太在意考试分数，或是短视地聚焦于眼前的升学需求，更不应狭隘地追求满足家庭荣耀。学校教育的目标是要培养有理想、有本领、有担当的时代新人，而家庭教育和学校教育要共同致力于塑造孩子健康完整的人格，使他们在道德层面能辨是非、明事理，思维层面具备严谨的逻辑分析能力，同时确保他们拥有强健的体魄、高雅的审美情趣，为他们实现长远发展与终身成长奠定坚实基础。

　　榜样，尤其是身边的榜样，能够给孩子以成长的触动，具有启发心智、触动灵魂的作用。因此，我们注重树立身边师生的榜样。在开学典礼的大型活动中，我校会邀请国旗护卫队官兵、蓝天救援队志愿者、航空航天科学家等相关领域的杰出人物，他们讲述各自的人生经历与职业感悟，用鲜活的实例激发孩子们胸怀鸿鹄之志，树立崇高的人生理想。

　　家长同样应当积极创造条件，让孩子有机会与各行各业的佼佼者进行深度交流，使他们在与榜样的近距离接触中拓宽视野、提升格局，感受并效仿这些成功人士的优秀品质与坚韧精神。

□ 让孩子看到自身的气质与气象

面对同样的困难与问题，积极快乐的态度和消极应对所产生的结果截然不同。

在孩子成长的路上，父母的支持是孩子前行的强大保障。父母应该引导孩子学会从困境中寻找成长的机会，培养他们面对挑战时的乐观态度。2023 年杭州亚运会滑板女子街式决赛，年仅 13 岁的崔宸曦夺得金牌，她也成为中国亚运史上最年轻的个人项目冠军。崔宸曦曾经为了练习滑板，摔掉了半颗牙。这半颗牙一直被妈妈细心保存着："它比金牌还重要，这是她为了梦想而拼搏的勋章。"可以说，正是父母面对磨难的乐观态度和积极心态不断引领孩子直面磨砺，向更高的山峰冲击。

作为一名教育工作者，我走过了 30 年的教育旅程。在这漫长的岁月里，我见证了无数学生的成长，也深刻体会到了一个真理：决定一个人能否成功的，远不止是知识和技巧，甚至不只是聪慧程度。这些因素，虽然在考试和升学的道路上显得至关重要，但它们并不是决定一个人生活高度的根本。真正决定一个人能走多远的，是他内心深处的人生观、价值观和世界观，是他对生活的态度，是那颗坚韧不拔、充满激情的心。这些，正是一个人气质和修养的直接体现。

气质，是一个人从内而外散发出的独有魅力，是内在文化修养经过岁月沉淀后的外在表现。

气质与修养的养成，往往离不开父母的格局与远见。有些家长倾向于将孩子的周末日程填得满满当当，初中、高中阶段孩子的周末和假期往往更是被各类文化补习班占据，孩子的生活几乎全在围绕学业打转，缺乏必要的身心调适。但有的父母则在关注孩子学业的同时，也懂得适时为孩子的生活留白，经常带着孩子到体育赛场感受竞技魅力，到美术馆、剧院陶冶艺术情操，还鼓励他们在大自然中释放天性，以及与不同领域的人交流。正是这些"闲来之笔"，塑造了孩子健康的志趣与豁达的气质，让孩子始终能够以乐观、开放的态度面对学习和生活中的各种挑战。

所以，孩子的个体气质与修养的塑造，始于家庭，始于父母的引导。父母应做好榜样，尊重并激发孩子的个性与潜能，助力孩子发掘并展现自己独特的气质与气象，从而在未来的道路上走得更远、更高。

塑造共情力：与孩子情感共鸣

方法 11

共情力（Empathy），也可以翻译为"移情能力"，是指能够从他人的处境中感受他人的心情与想法，用他人的眼光看待问题的能力。共情力的培养，关乎孩子的人际关系、健康成长和情商发展。共情，不是简单的同情，而是与他人产生共鸣，是对他人的理解。拥有共情力的孩子，善于与他人合作，能够在同伴需要时给予适时的帮助，因而可以拥有良好的人际关系，更容易获得成功，也更能够增强幸福感。

□ 共情力塑造应对冲突的胸怀与智慧

在构建坚固的家校合作关系、凝聚教育合力的过程中，培养孩子的共情能力是非常重要的。共情能力不仅是个人情感智能的核心维度，更是家校双方沟通理解、协同合作的桥梁。

在家校互动中，引导孩子恰当地处理人际冲突，是培养孩子共情能力的重要实践场域。家长对此类情况的反应、态度及应对策略，将深深影响孩子对冲突的理解、共情能力的形成以及应对模式的确立。因此，教育孩子在冲突中保持冷静，运用共情理解他人的立场，探寻公平合理的解决方案，进而养成积极应对的心态，实为家庭教育的必要课题。

告诉孩子"别人怎么欺负你，你就怎么打回去"的报复性回应，或者在家长群中公开质疑对方家长，此类缺乏共情的行为，往往只会加剧矛盾，使孩子陷入更剧烈的冲突。

096 让每一个孩子发光：创建优质家校关系的 33 个方法

正确的做法是，家长首先应以身作则，冷静处理问题，比如主动联系班主任，借助学校正式渠道去缓和矛盾、调解纠纷。在此过程中，家长可以引导孩子去理解冲突双方的情绪与需求，培养孩子设身处地理解他人的共情能力。如此，家长既为孩子营造了一个安全、公正的空间，又让他们切实体验到求助权威、运用共情化解冲突的意义。

与此同时，鼓励孩子积极参与解决冲突的过程，倾听孩子对事件的理解、对他人感受的揣摩、对解决方案的设想以及期待的结果。这样做不仅让孩子感到被尊重，更培养了他们的沟通能力、解决问题的能力以及共情能力。家长可以适时引导孩子反思：如果我是对方，我会有什么感受？我希望如何被对待？这样的引导有助于孩子在理解他人、尊重差异的基础上，寻求双赢的解决方案。

此外，如果孩子受到同学欺负，家长可借此机会教导孩子运用"旁观者效应[①]"，指定某位同学帮助他，这既能提升孩子应对冲突的智慧，又让他们学会在困境中寻找同伴支持，同时在合作中深化共情理解与实践。

日常生活中，家长还应注重培养孩子建立社交网络，鼓励孩子与不同类型的同学友好交往，参与社区服务等活动。朋友众多且人

---

① 旁观者效应，又称责任分散效应或守望效应，是一种社会心理学现象，描述在紧急或危机情境中，个体的援助行为（如提供帮助、报警等）随着周围旁观者人数的增加而显著降低的现象。

际关系和谐的孩子，往往内心更强大，共情能力更强，面临困难时更容易获得援助，也更擅长运用共情去理解和帮助他人。

□ 跨年级的心灵伙伴计划

每个学校都会面对一个挑战：不同年龄段的孩子如何和谐相处？我校采取的做法是把共情能力纳入教育的核心。我们鼓励高年级的学生与低年级的学生一对一结成心灵伙伴，不仅帮助他们在学习上提升，而且引导他们在情感上学会关心和体谅。这种跨年级心灵伙伴活动，便是培养学生共情能力的生动课堂。

"心灵伙伴"定期进行学习、阅读与交流分享生活经验。这一创新举措，使得高年级学生在学业上成为低年级学生的榜样，更在情感层面成为其守护者，而且他们自然而然地学会了关心与照顾学弟学妹，责任感在这些微小却温暖的瞬间得到升华。家长可以在家中尝试设置类似的"家庭伙伴"角色，让哥哥姐姐与弟弟妹妹结对，共同完成家务、学习任务或兴趣项目，以此培养大的孩子的责任感与关爱他人的意识，同时也让小的孩子在互动中感受到哥哥姐姐的关爱与支持。

在低年级学生的入队仪式上，高年级的学长会站在每位新队员的身旁，亲手为他们佩戴红领巾。这一庄重的仪式不仅是责任与使命的传递，更是共情教育的直观展现。家长们不妨在家庭的重要节日，如纪念日或家庭成员的生日活动中设置类似的仪式环节，让孩子为家人献上心意，如制作手工礼物、撰写感恩信等，让他们在仪式感中体验关爱他人、被他人关爱的情感联结。

另外，我校在每年的初三学生百日誓师活动中，还会邀请部分校友回到母校分享学习经历、担任活动助教，将这份关注母校、关注学弟学妹的共情力传递给下一届，为初三学子注入冲刺中考的勇气和力量。

□ 以生活情境培养孩子的共情力

对共情力的培养是一项关乎孩子心灵成长、发展社会适应能力的重要课题，需要家庭与学校形成共识，通力协作，让孩子学会理解他人、关爱世界。当孩子在学校展现出对年幼同伴的关心和理解时，他不仅赢得了友谊，也锻炼了自己与他人和谐相处的能力。回到家中，孩子就能够在与兄弟姐妹相处时展现他们的共情能力。

注意，过度的溺爱与庇护则可能成为孩子发展共情力的绊脚石。在这样的环境下，孩子容易变得以自我为中心，过分关注自我需求，忽视他人的情绪与感受，导致形成任性、自私等不良性格，对其共情力的培养构成阻碍。

学校是孩子社会化的第一课堂，然而，孩子内在品质的塑造，尤其是共情能力的养成，首先依赖于家庭的精心培育。一个缺乏共情力的孩子，在学校集体生活中往往呈现出诸多困扰，可能表现为难以控制自己的情绪、行为举止难以自律、对集体规则和要求难以遵守等。而因为他们的自我为中心倾向，这类孩子也很难交到知心的朋友，这些问题不仅制约了他们在人际交往中的顺畅融入，更在情感层面成为其成长道路上的羁绊。孩子缺乏共情力的问题在今天具有很大的普遍性，几乎每个义务教育阶段的班级都存在上课难以自控、师生关系紧张、课下经常与同学发生冲突的孩子。

那么，父母如何有意识地在日常生活中培养孩子的共情能力呢？

在家庭日常生活中，父母可以通过引导孩子关注他人的需求来培养其共情意识。例如，当父母下班回家时，孩子主动递上拖鞋、送上一杯热水，这就是他们对父母辛勤劳作一天后需求的贴心关怀，父母应对这种关怀及时给出积极的回应。如果孩子恶作剧地推倒弟弟精心搭建的积木，父母则可以借机引导他们换位思考："如果你辛苦创作的作品被别人破坏，你会有什么感受？"这样的交流有助于孩子认识到自己的行为对他人的影响，学会为自己的行为负责，养成在行动前考虑他人感受和可能后果的习惯。

在学校环境中，家长也可以建议孩子积极参与学校设立的戏剧社团或选修相关课程。戏剧表演不仅能显著提升孩子的自信心，激发其创造力与想象力，更重要的是，通过深入揣摩角色、理解台词，孩子能在演绎过程中自然而然地培养共情力与代入感，学会从不同角色的视角出发，理解并接纳多元的文化观念。

家长还可以带领孩子参与社区公益活动，让孩子在实践中领悟关爱他人的重要性。利用周末或假期，家长可以陪同孩子前往儿童福利院、敬老院等地，为弱势群体捐赠物品、参加义务劳动，让孩子与他们进行情感交流，真实体验并理解不同人群的生活情境，从而在心底播下共情的种子。

事实上，共情力同样是现代企业高度重视并着力培养的员工素质之一，因为这对企业的运营效益有着深远影响。心理学研究表明，阅读文学作品或欣赏音乐、舞蹈、美术、书法、雕塑等各类艺术表演或作品，均有助于提升个体的共情能力。因此，家长应多陪伴孩子探讨文化与艺术，这样的交流不仅能丰富孩子的内心世界，更能潜移默化地培养他们健全的人格，为他们的共情力提升注入深厚的人文底蕴。

正确惩戒：赢得孩子胜过赢了孩子
方法 12

当孩子犯错时，很多家长的第一反应往往是实施惩戒，认为惩戒可以教会孩子正确的行为方式，从而塑造他们的规则意识和责任感。

2020 年，教育部发布了《中小学教育惩戒规则（试行）》，旨在明确教育惩戒的界限和目的：它不仅仅是对孩子错误行为的指正，更是一种引导孩子自我反省和成长的机制。但是，如何确保对孩子的惩戒不止于赢得孩子表面的服从，更能赢得他们内心的认同与尊重呢？

□ 家长如何配合学校对孩子的惩戒

在学校，惩戒和处分是培养学生规则意识、纪律意识和集体观念的必要手段。但对这种手段的运用必须非常慎重，确保既能达到教育目的，又不会对孩子造成不必要的伤害。因此，学校在实施惩戒时，通常会遵循以下原则。

一是针对性。惩戒应该只针对具体的违规行为。这有助于孩子明白哪些具体行为是不被允许的，而不是感到自己作为一个人被否定。

二是适度性。惩戒的程度应与违规行为的严重性相匹配。轻微的错误可以通过简单的提醒或警告来纠正，而更严重的行为有必要采取更严格的惩戒措施。

三是私密性与公开性。根据事件是属于个例还是具有代表性，决定惩戒的场合，并决定惩戒单独进行还是在一定范围内公开。

四是关注教育效果。所有的惩戒措施都应以取得最佳教育效果为目的。惩戒后，教师应关注被惩戒学生的心理反应，在确保他们理解规则的逻辑（"晓之以理"）的同时，也要关心他们的情感（"动之以情"），帮助他们从内心接受并愿意改正错误。

家长得知孩子在学校受到惩戒时，保持冷静和理性判断至关重要。家长应深入洞察学校实施惩戒背后的教育深意，理解放任孩子的不当行为对其未来产生的潜在影响，并与学校在教育原则上达成共识。家长的职责在于引导孩子清晰认知行为与后果之间的必然关联，鼓励他们以积极的心态从错误中学习。

□ 家庭惩戒的教育思考

在家庭中，惩戒作为一种对孩子快速且直接的干预手段，常常被家长们习惯性地运用。首先，因其教育效果"立竿见影"。孩子在家长的责备与惩戒下，往往会很快低头认错，其不当行为也似乎得到了制止，家长因此心满意足，感觉自己的教育方式起到了作用；其次，相较于苦口婆心地与孩子沟通交流、循循善诱，家长直接惩戒孩子显然更为"简便易行"。然而，家长从这种简单粗暴的惩戒中获得的短暂满足感，可能遮蔽了深层次的教育问题。

家长需要认识到，简单粗暴地惩戒孩子，只是表面上看似"赢了孩子"，却未必能"赢得孩子"。虽然直接的惩戒可以迅速制止孩子的不良行为，却未必能教会孩子形成正确的行为模式。孩子可能只是为了避免进一步受到惩戒而暂时服从，而非真正理解并改正自己的错误。如果家长经常惩戒孩子，容易导致亲子关系受损，孩子对父母的信任与尊重大打折扣，反而不利于其健康人格的塑造与良好习惯的养成。

美国心理学家简·尼尔森提出了一个重要观点："赢了孩子"的教育只有短期效果，可能让孩子在心理上成为失败者，孩子反而只会更加叛逆，或丧失自我而屈从于成人。因此，家长在家庭中使用惩戒手段时，必须深思熟虑，问问自己：我的目标是什么？我希望孩子从这次经历中学到什么？如何确保孩子真正理解他们的不当行为和后果之间的联系，而不仅仅是害怕惩罚。以下是给使用惩戒教育方式家长的建议。

1.避免把惩戒窄化为责骂或体罚

孩子对纯粹的责骂从来都是"口服心不服"，暂时的妥协不一定是思想上的认同，而可能只是屈从于父母的体罚威胁、对父母的经济的依赖和对父母身份的敬畏。责骂非但无法达到教育的目的，反而可能激发孩子的逆反情绪，加深亲子间的隔阂。

2.有效的惩戒需要建立在明确的规则之上

父母应与孩子一起探讨孩子需要改进的内容、应养成的好习惯及期望达成的目标，共同制定一套清晰、明确的家庭规则。规则一旦确立，家长与孩子双方应举行正式的签约仪式，因为签字象征着双方对规则的认同与承诺，这将使孩子更具责任感，更愿意主动遵守家庭规则。家长依照家庭规则对孩子执行惩戒，更容易保持客观冷静，避免产生情绪化的反应。反之，没有建立在规则之上的惩戒，因为缺乏标准与尺度，则更多地体现了父母滥用权威的随意性，往往会引发"量罚"轻重的问题，使教育效果大打折扣，事后家长也可能陷入内疚与自责。

3. 不应将体育锻炼作为惩罚手段

有时，家长会将体育锻炼作为惩罚手段，如惩罚孩子做俯卧撑、跑步等。这种做法可能导致孩子将体育锻炼与负面体验挂钩，从而对其产生抵触心理。实际上，体育锻炼应当是用来增强孩子的体质和生活质量的活动，它应该成为孩子乐在其中的生活习惯，而非一种惩罚方式。

4. 惩罚的目的是引导，而非处罚

惩罚是一种为了帮助孩子认识到自己的错误，并规范其行为的手段。家长在实施惩罚时，应对孩子保持尊重，维护孩子的自尊心。首先，耐心倾听孩子的想法，不要急于主观地下结论；然后，用共情的态度表达对孩子感受的理解，而不是简单地宽恕其错误。当孩子感到被理解和尊重时，会更愿意接受教育，改正自己的行为。父母应清楚地解释实施惩罚的原因，帮助孩子建立自我约束的意识，

鼓励他们提出避免犯同类错误的办法。只有平等交流而不是把孩子放到"道德审判席"上，才能真正"赢得孩子"，达到教育目的。

□ 正面管教的教育策略

家长要掌握教育的策略与尺度，不能一味地打压和批评孩子，也不能无原则地表扬。比如孩子体测不合格时，家长还说："已经很不错了！儿子很棒！"这样虚假的表扬，只会增加孩子对自己能力的不真实感，并不能给孩子以有效的助力。如果我们真诚地对孩子说："现在体测成绩确实不理想，但只要坚持科学训练，你的成绩一定能大幅提升。"然后，家长可以与体育老师沟通，或请教专业教练，与孩子一起制订切实可行的训练计划，尽可能地陪伴孩子训练，让孩子从中感受到父母的陪伴和支持，自己在提升体育成绩的同时，也得到来自父母的心灵滋养。

教育的效果，在很大程度上取决于家长与孩子的沟通交流方式。简·尼尔森在《正面管教》一书中把家长与孩子的互动分为三种类型。

严厉型，即有规矩但没有自由，孩子没有选择的空间，只能服从。家长的潜台词是："我要你怎么做，你就得怎么做。"这种教育模式下，孩子得不到家长的尊重，成长的天性受到很大压抑。

骄纵型，有自由但没有规矩，给孩子无限制的选择。"你想怎么做，就怎么做。"孩子一闹，家长就妥协，并且不切实际地幻想："现在孩子还小，长大了就会改正过来。"但现实是，没有界限的爱，只会让孩子迷失方向。

正面管教型，有规矩也有自由，给孩子有限制的选择。"在尊重别人的前提下，你可以选择。"孩子在这样的家庭环境中，既有基本的安全感，又有明确的界限感，也能够对自己的选择和行为负责。对于惩戒或表扬，孩子都能理性地判断与接纳。

毫无疑问，正面管教型的教育策略显得尤为重要，它不仅强调规矩和自由间的平衡，还强调在尊重孩子的前提下给予他们选择的空间。作为家长，我们的终极目标不仅是赢得孩子的顺从，更重要的是赢得他们的心。每一次的奖励或惩戒，不仅是对孩子具体行为的反馈，更是在潜移默化中塑造孩子的自我认知与责任感。

包容青春期：叛逆是青春的一种色彩

方法 13

六年级学生的校长午餐会上，一位学生与我分享了她与父母沟通的困境。

"我现在很少和爸爸妈妈聊天，"她告诉我，"从五年级下学期开始，他们总是只关心我的学习。爸爸每次只会问我'考试考得怎么样？作业写完了吗'；而妈妈总是限制我玩耍，'你们班有人考了

100 分吗？你考这么点儿分还好意思玩？'"

这位平时开朗活泼的女生，在谈及父母时，眼睛开始泛红，失望之情溢于言表。她不愿与父母交流，这显然反映了家庭中缺乏平等沟通的氛围，这似乎也是青春期叛逆序幕的开启。

□ 青春期不等于叛逆

一提起青春期，很多人就想到"叛逆"。这主要是因为在个体成长发展的这一特定阶段，其生理、心理、社交等多个方面都经历着显著的变化，这些变化往往表现为一些看似"叛逆"的行为或态度。我们得先梳理一下这两个概念：青春期、叛逆。

青春期是人生旅途中的一个重要里程碑，是指由儿童阶段发展为成年阶段的过渡时期。女孩通常在 10 ~ 18 岁进入青春期，而男孩则在 12 ~ 20 岁，但受到遗传、营养和运动等多种因素的影响，具体时间会有所不同。这个时期，孩子在生理和心理上都会有很大变化，具体表现为第二性征的出现和自我意识、认知能力、社会性的发展。在这个充满挑战和变数的时期，家长的支持和理解至关重要。家长需要调整沟通策略，以帮助孩子应对身体的变化和心理上的波动，确保孩子的健康成长。

"叛逆"，通常被视为一种背离既定规则和期望的行为或心态。在心理学中，叛逆被视为孩子成长过程中的一个自然表现，它体现了孩子对自己之前顺从、尊重成人的行为模式的挑战。孩子在成长过程中大致会经历三个叛逆期：2 ～ 3 岁时的"宝宝叛逆期"（自我意识初步出现，说话"不"字当头，以自我为中心，对物品有强烈的占有欲）；6 ～ 8 岁时的"儿童叛逆期"（喜欢顶嘴，做事拖拉、懒惰还满是借口，自尊心强）；12 ～ 18 岁的"青春叛逆期"。

青春期与叛逆关联的主要原因包括：生理激素变化引发的情绪波动、心理上对独立自主的强烈需求、认知能力提升带来的批判性思考、同伴影响下对个性表达的渴望，以及在应对学业、身份、人际关系等压力时采取对抗权威、打破规则的应对策略。然而，并非所有孩子都会经历青春期的叛逆。在某些孩子身上，这种叛逆似乎并不存在。

汪曾祺在《多年父子成兄弟》一书中，描述了父亲与自己、自己与儿子亲密无间的关系。我们从中可以认识到，父母与孩子之间，可以超越传统的权威与服从，而成为一生的朋友和伙伴。节选几句，感受一下。

父亲对我的学业是关心的，但不强求。我小时了了，国文成绩一直是全班第一。我的作文，时得佳评，他就拿出去到处给人看。我的数学不好，他也不责怪，只要能及格，就行了。我初中时爱唱戏，唱青衣，我的嗓子很好，高亮甜润。在家里，他拉胡琴，我唱。我的同学有几个能唱戏的，学校开同乐会，他应我的邀请，到学校去伴奏。父亲那么大的人陪着几个孩子玩了一下午，还挺高兴。我十七岁初恋，暑假里，在家写情书，他在一旁瞎出主意。我十几岁就学会了抽烟喝酒。他喝酒，给我也倒一杯。抽烟，一次抽出两根，他一根我一根。他还总是先给我点上火。我们的这种关系，他人或以为怪。父亲说："我们是多年父子成兄弟。"

你觉得在这样一个"没大没小"的家庭环境中成长的孩子，是否会经历青春期的叛逆？事实上，青春期叛逆并非必然。它往往源于家庭中长期的严格管束，家长对孩子期望过高，孩子在与家长的交流中难以获得理解、支持和赏识。随着青春期的到来，孩子的独立意识和自我意识逐渐觉醒，生理和心理的变化让他们觉得有了与父母抗衡的资本，他们开始试图主宰自己的生活。在这种情况下，如果家庭氛围过于紧张、亲子间缺少沟通交流，孩子可能会采取关闭房门、冷漠对抗、言语顶撞甚至离家出走等叛逆行为。

□ 关注孩子在青春期的变化

青春期不仅标志着孩子自我意识和独立意识的觉醒，更是他们试图挣脱权威束缚、展示个人能力与价值的重要人生阶段。在这个阶段，孩子们的特点尤为鲜明。

1. 注重形象

步入青春期的孩子，对自身外在形象的关注达到了前所未有的程度。无论是体型、身高、肤色还是脸上的青春痘，都可能成为他们过度关注的焦点。他们会在修饰外表上投入大量时间，以塑造自己在同龄人中的形象。发展心理学中的"青少年自我中心主义"揭示了这一心理特征：孩子们常常误以为他人像自己一样关注着他们身上的每一个细节，这可能导致他们对同伴的评价和看法过于敏感。"过于在意"的心理状态会让他们平添生活的烦恼。

2. 注重隐私

随着独立意识的增强，青春期的孩子会更加渴望拥有自己的私人空间。他们愿意关上房门，享受独处的时光，对于父母的干涉显得不耐烦，同时对手机、平板等电子设备的依赖也日益增强。

3. 在乎同伴

同伴对青春期孩子的影响力会逐渐超越父母和教师。孩子们开始寻求同伴的认可，他们的兴趣爱好、言行举止都可能受到同伴潜移默化的影响。

4. 渴望表现

青春期的孩子们有着强烈的表现欲望，他们希望自己的才能和专长得到他人的认可。但同时，他们也更在乎自己在他人眼中的形象，害怕当众出丑，尤其是在同伴之间。所以老师和家长要尽量避免当众批评孩子，维护孩子的自尊，而私下的沟通与批评，会让孩子更容易接受。

在孩子青春期时，父母若未能及时适应他们心理上的变化，坚持严格地约束和要求孩子，而忽略了倾听和理解孩子的诉求，便很可能引发家庭内的矛盾和情绪冲突。例如，有的父母似乎无法容忍孩子玩耍，即使孩子已经完成了作业，他们也会安排额外的练习题和复习任务。一旦孩子不服从这些安排，父母便将其行为视为"叛逆"。我曾听到一位家长这样给孩子布置学习任务："奥数的题没有时间做——你明天上午不是有书法课吗？可以利用中间的休息时间来做奥数。"甚至有的孩子在医院边打针输液边做习题，家长似乎关注孩子的成绩远甚于关注孩子的身心健康。

在儿童时期，如果孩子提出的要求被父母拒绝，他们通常会选择顺从，不再坚持。而青春期的孩子会更加坚定地表达自己的观点，甚至会对父母的决定持有质疑态度。面对父母的批评，一些孩子可能会与父母争辩，乃至引发冲突；而另一些孩子则可能选择沉默，用一言不发的方式来对抗父母的权威。

□ 青春期的五种应对策略

美国心理学家托马斯·戈登博士提出了一个深刻的见解："青春期孩子的反叛，并非针对父母本身，而是对抗父母的权力和基于这种权力的沟通方式。"这一观点为我们理解青春期叛逆提供了新的视角。当父母不是以权威压制孩子，而是以共情的态度与孩子平等交流，将孩子当作家庭中的独立个体尊重时，孩子就没有必要去叛逆，因为没有任何压迫需要反抗。

根据这一理念，家长面对"仿佛变了一个人"的青少年时，应适时调整对孩子的教育策略，实现角色的转变，从"管理型"或"保姆型"的父母转变为"教练型"的父母。教练型父母在保持家庭权威、把握孩子成长总体方向的同时，也能够敏锐捕捉到并顺应孩子的个性特质，为孩子的成长提供悉心陪伴与适时指导，而不止于单纯关注孩子的学习成绩或表现。

有些家长，尤其是父亲，显然还没有适应这种角色的转变，他们平时对孩子的生活和学习不管不问，但一旦看到孩子的期末成绩不理想，就会怒气冲天。这种做法无疑是短视的，因为倘若忽视了对孩子成长过程的积极参与和有效引导，又怎能期待理想的结果呢？

为了让陪伴孩子青春期的旅程更加顺畅，家长可以采取以下五种行之有效的策略。

1. 共情

深入探索和理解孩子在青春期所经历的身心变化是至关重要的。要遵从"看见孩子"的教育理念，从青春期的视角出发，去看待他们对各种问题的想法和反应。要尊重孩子的爱好，无论这些爱好在家长看来是否有意义。比如，家长可以与孩子一起打篮球、踢足球、读小说、看漫画，这不仅能增进亲子关系，还能让家长成为孩子愿意分享内心世界的朋友。同时，家长也需了解，因为青春期孩子的大脑尚未完全发育成熟，他们可能在生理层面缺乏足够的冲动控制力和判断力，有时会导致一些典型的青春期冲动行为。在理解和接受孩子情绪波动的同时，家长应该引导孩子学会预见行为的后果，从而减少潜在的风险。

2. 倾听

在与孩子交流时，倾听比说教更为关键。但很多家长在孩子面前始终是以说教者的角色出现的，想一想我们自己从小面对长辈喋喋不休的说教时的心情，就能知道说教是多么没用的教育方法。法国思想家卢梭指出，世上最没用的三种教育方式就是：讲道理、发脾气和刻意感动。只愿意说，不愿意听，被古希腊哲学家德谟克利特视为"贪婪的一种形式"。当青春期的孩子尝试与家长分享他们对某些问题的看法时，家长不能一上来就试图用自己的经验和观点否定孩子的想法，而要权衡与孩子交流的目的：是要证明孩子的想法是错误的，还是要尊重孩子的个性，呵护孩子向自己敞开的心扉？

例如，如果孩子某一天向妈妈倾诉"我觉得数学很枯燥"，而妈妈回应说："数学怎么会枯燥呢？你只要努力钻研，成绩提高上来，自然就会发现数学的乐趣。"这样的回答实际上反映出妈妈并没有耐心地倾听孩子的心声，也没有共情孩子的感受。孩子可能只是想向妈妈倾诉一下自己的烦恼，希望得到一些安慰。妈妈却基于自己的经验或家长的权威，开口就否定了孩子的感受，给孩子带来了挫败感。长期如此，孩子就会感觉从家长这里是得不到理解和支持的，进而逐渐变得沉默。

其实，家长首先应该做的是认同孩子的感受。比如以重复孩子的话来表示理解，其次要创造一个安全、开放的对话环境，让孩子主导谈话，充分自由地表述内心的想法和困扰，无须担心被立即评判或否定。最后，家长可根据谈话内容与孩子的需求，适时给孩子提供适当的建议或引导，而非一开始就急于向孩子灌输自己的观点。这样的互动方式有助于建立信任，让孩子知道父母是在真诚地关心他们的问题。不要让孩子和父母的谈话还没有开始就结束，这只会让孩子与父母越来越疏远。

3. 放权

青春期的孩子随着身体的变化和力量的增长，他们会渴望证明自己在学业、生活和社交等方面的独立能力，希望父母能够注意到他们的成长和变化，并减少对他们不必要的干预。如果父母坚持使用管理和控制的教育方式，为孩子安排好一切，强迫孩子按照自己的意愿行事，那么亲子冲突就在所难免。

因此，面对青春期的孩子，家长应该更多地与孩子进行事前沟通，倾听他们的想法和需求。家长可以不露声色地在交谈中巧妙地将建议融入对话，让孩子在满足感中做出自己的决定，从而培养他们的自我独立性。同时，家长也应该给予孩子发呆独处和天马行空自由思考的空间，这有助于培养他们的想象力，让他们在与自己的对话中增强对自我的认知。

4. 相信

有些家长对孩子表现出极度的不信任，甚至采取在孩子的房间安装摄像头的极端措施，可想而知，这会引起孩子多大的情绪反抗。只有当家长给予孩子充分的信任，相信他们能够安排好自己的学习、合理管理时间，并能够独立解决问题时，孩子才能实现真正的成长。

家长的任务是创造一个充满信任的环境，允许孩子有独处的时间，给予他们更多的认可和肯定。同时，家长应该充分相信孩子能够根据家庭共同商定的规则来实现自我管理，用明确的价值观和规则来引导孩子的成长。

5. 鼓励

青春期的孩子会更加喜欢校园生活，他们会很在意教师对待自己的态度，也希望赢得同伴的关注。在这个阶段，孩子的边界感会更强，父母要多鼓励孩子自我能力的发展，允许他们大胆尝试，因为从某种意义上来说，孩子的成长就是试错的过程。

同时，家长需要认识到，青春期孩子的变化也可能与他们的课程难度增加、进入新班集体或面对优秀同伴带来的竞争压力有关。这些因素可能导致孩子产生压力、焦虑等负面情绪。家长应该密切关注孩子的心理状态，及时与孩子进行沟通，帮助他们应对这些挑战。

总之，通过共情、倾听、放权、信任和鼓励，家长可以为青春期的孩子提供一个充满支持和理解的成长环境。这样，不仅能帮助孩子顺利度过青春期，还能培养孩子独立、自信和坚韧的品质。

方法 14　重视性别教育：理解男女差异，尊重个性发展

中国近代教育的男女同校始于 1912 年，当时担任教育总长的蔡元培颁布《普通教育暂行办法通令》，开创了初等小学可以男女同校

的先河。到了 1920 年，北京大学成为首个开放女禁的大学，标志着大学层面的男女同校教育的开始。这一变革不仅在社会化成长方面对男孩和女孩产生了积极影响，如异性交往、合作学习、相互尊重与欣赏，也促进了性别平等观念的普及。

　　然而，尽管男女同校为不同性别的孩子提供了共同学习和成长的机会，但我们必须认识到，男孩和女孩之间在性格特征和心理发展模式上存在显著的性别差异。因此，家长和教师在培养孩子时，不能简单地采用统一的教育方式和标准，而应该采取有针对性的教育策略来支持他们各自的健康成长和发展。

□　男孩与女孩的成长节奏

　　在性别教育中，理解男女之间在生理发育、认知能力以及学习风格上的差异是至关重要的。一般而言，男孩子在生理发育和认知能力方面比女孩子晚熟，学习新事物的速率也可能慢于女孩。他们可能情绪波动较大，课堂上难以保持注意力集中，兴趣持续时间短，玩耍时容易忘记其他事情。尽管他们的自我感觉良好，但学习相对粗心，考试不愿意检查，会的题也可能做错。

　　相对而言，女孩在生理和心理上发育较早，对学校环境的适应力更强，分离焦虑现象较少。她们在学习上往往更细心认真，做事有条理，自我约束能力强。正如前文提到的，女孩通常比男孩早两年进入青春期，当男孩依然稚气未脱、懵懂单纯时，同龄的女孩已悄然蜕变，展现出温文尔雅、娴静内敛的少女风范。

🕮 男孩与女孩的培养策略
延伸阅读

在抚育男孩与女孩的过程中，为了充分发掘他们的潜能、塑造健全人格并适应未来社会，我们应重点关注以下几个关键任务。

- 援助支持

孩子从出生到 2 岁的婴儿期，如果在身体、心理、情感等方面的需求能够得到父母的及时安抚和回应，孩子就会与父母建立起安全依恋关系，这将为他们未来的探索世界和人际交往提供充足的信心。在此后的学前期（3 ~ 6 岁）、儿童中期（6 ~ 12 岁）和青春期，当孩子遭遇困难时，倘若父母能适时施以援手与支持，孩子就能够顺利度过成长的坎坷，有效避免由此产生的心理困扰，确保其心灵健康成长。

一个男孩曾在某个晚上在微信群里遭受几个男生的语言攻击，面对刷屏的信息暴力，却没有同学挺身而出。备受困扰的孩子向父母寻求援助，但他们并未对此事给予应有的重视，仅视其为男孩间常见的小摩擦，主张让孩子自行解决。殊不知，正值青春期的他，在遭遇这种困境时，极度渴望来自父母的理解、关心与支持，他们的漠视使男孩深感孤立无援，进而对集体环境与学业产生了怀疑和畏缩情绪，导致厌学的严重后果。而问题发生时，正是解决的最佳时机。如果父母和老师能够及时介入，就能够给孩子巨大的心灵安慰和力量，帮助他们迅速摆脱成长中的困境。

- **有效陪伴**

在 6 ~ 12 岁这个关键时期，父亲对男孩个性形成的影响无疑是重大的。男孩在体育、户外活动、探险等方面的兴趣往往受到父亲的影响。所以，对男孩的成长来说，父亲的陪伴很重要。

如果父亲经常缺席孩子在学校的重要活动，有意或无意地不参与孩子的日常生活，可能会导致孩子感受不到来自父亲的关注和支持，从而产生勇气不足或叛逆行为。有时候，孩子制造一些匪夷所思的麻烦，可能仅仅是为了吸引经常出差的父亲的注意。

爸爸经常不在身边，男教师也会成为男孩学习的榜样。遗憾的是，中小学男教师的比例相对较低。以我所在的学校为例，男教师在小学和初中的占比分别为 10% 和 19%。男孩在学校环境中缺乏男性角色模型，可能会影响他们的行为发展和性别认同。

母亲对男孩的陪伴同样至关重要。母亲的存在可以帮助男孩丰富情感表达，更善于表达自己的需求和诉求。通过母亲的陪伴和指导，男孩可以学会理解和尊重情感，培养出更为均衡的性格。

女孩在成长中，需要父母投入更多的关注与保护。家长要努力培养女孩强大的内心，让她在关键时刻能够保持清醒、有定力，坚守原则和底线。女孩往往心思细腻、情感敏锐，她们时刻关注着父母是否在身边给予自己陪伴与支持。父母积极陪伴女孩玩耍，共同探索世界，无论是赞许的微笑，还是鼓舞的眼神，都能让女孩感到安心，进而全身心地沉浸在学习与探索的乐趣中，更加开朗自信、专注投入。

此外，当女孩真切感受到父母的关怀与支持时，她们更愿意深入认识、关注并倾听自我内心的声音，这对她们形成独立个性、实现自我成长至关重要。在这样充满爱与理解的成长环境中，女孩将更坚定地遵循自我意愿，不易被外界不良事物影响或诱惑。

- **性格培养**

在性格培养方面，家长常常对男孩灌输"男儿有泪不轻弹"的观念。这种偏向理性和刚性的教育方式，不仅可能限制男孩情感的自然流露，也使得他们难以倾诉内心真实的想法和感受。

认识到这一点，家长应该利用晚餐、散步、旅行、运动等亲子时光，多与男孩交流关于学习、生活和人生的话题，鼓励他们表达真实的自我。同时，家长还需要加强对男孩秩序感和规则意识的培养，引导他们学会关注他人的感受。

对于精力旺盛、难以自控的男孩，明智的班主任会在学校生活中为其设定适宜的角色，如纪律监督员、体育骨干或活动策划者，引导他们将精力倾注到具有挑战性且有价值的任务中，从而促进男孩的身心发展。

女孩的成长环境往往偏重于感性，因此，父母需要有意识地帮助女孩在遇到问题时能够理性地面对自己的感受。当女孩感到恐惧或慌乱时，父母应教导她们如何保持冷静，做出清晰的思考和判断。自我损伤行为在女孩中的发生率较高，这也表明女孩的感性情感往往超过了理性思考。

为了保护女孩的身心安全，父母需要教会她们勇于说"不"。父母应该鼓励女孩清晰地表达自己的感受："你的行为让我感到受了侵犯，希望你能尊重我的边界。""我有权决定自己是否参与，现在我选择退出。"这种对自我内心的明确觉知，以及对他人与自己界限的清晰感知，是父母必须教给女孩的重要技能。清晰地表达，并坚持自己的观点，是女孩强大的表现。

● 同伴选择

在孩子的成长过程中，对同伴的选择是一个不可忽视的因素，家长要特别关注孩子结交的朋友。对于男孩来说，同伴往往成为他们模仿的对象。父亲不仅应该参与孩子的同伴活动，还应该有意识地将男孩带入自己的社交圈子，如同事、朋友、老乡、客户等。在这样多元的社交环境中，无须专门为孩子安排活动，因为来自不同背景的成人会给孩子们展示一个令人向往的广阔世界。即便在嬉戏玩耍时，男孩也会倾听成人的对话，从中学习到男性的交流方式和世界观。虽然男孩之间的情感交流可能较少，但在遇到困惑时，他们可以向父亲的友人寻求建议。这些成熟的男性会以开阔的视野为他们提供指导。

女孩对同伴的需求更为迫切，当然也应该引起家长更大的重视。毕竟，男孩在争吵或打架后可能很快就会和解，但女孩可能会很长时间都走不出友谊破裂带来的情绪影响。同时，对于女孩来说，同伴是倾诉心思和分享秘密的重要对象，一个好的同伴在关键时刻能够给予女孩巨大的支持。

- **仪式感教育**

仪式感教育在儿童成长中占据举足轻重的地位。学校通过举办十四岁生日庆典、百日誓师大会、成人礼等标志性活动，不仅丰盈了孩子们的精神世界，还有助于他们认识到自己的成长和责任感。在这些仪式中，父母和孩子之间互写信件、赠送礼物，参与"亲子盲行"①等活动。这些活动环节都能让孩子深刻感知自身日渐成熟的蜕变，激励他们主动承担对自己、家庭乃至国家的责任。

① "亲子盲行"是作者任职的学校为初三学生设计的亲子互动游戏。游戏规则是，孩子给家长蒙上眼睛，然后牵着父母的手，在设置障碍的路线上协作前行。活动中学生与家长都不能讲话，交流依靠紧靠的双手与心灵的默契。活动旨在增进亲子间的相互信任，培养孩子成长的责任感。

　　在本章的探索中，我们深入理解了家校合作的重要性和实践策略。通过家访、表扬信、家长会等方式，不仅强化了家校联系，还为孩子的成长营造了坚实的支撑。父母的共情力与教育视野，会使其对孩子的引导更为细腻和深入。我们深知，在理解与适度惩戒之间寻觅适宜的平衡点，是赢得孩子内心认同的关键。而对青春期孩子的包容和针对性别差异采取不同的教育策略，则尊重了孩子独特的成长需求。

　　在此基础上，我们深刻地认识到，家庭与学校在孩子的成长过程中各自承担着不可替代且相辅相成的责任。通过上述一系列策略的有效落实，我们有信心能为孩子的全面发展打造一个更为稳固且和谐的家校合作环境，汇聚教育之力，托举孩子更加美好的未来。

第三章

编织成长故事，培养孩子独特的个性与才能

每年，我们都能看到类似消息：×× 大学生进入大学后发现自己并不喜欢所选专业，而最终选择退学复读。他们之所以选择了自己并不喜欢的专业，主要原因是他们在选择之前对大学专业和未来职业并不了解。大多数情况下，这些选择是由父母根据自己的认知和判断帮助孩子做出的。我曾问过一位高三的优等生关于他的高考志愿和未来规划，他迟疑地回答："志愿？我还没想好，等分数出来再说吧。这些事情都是爸妈帮我决定的。"

如果父母没有明确地意识到孩子是一个独立的个体，往往就会把孩子视为自己的一部分，在安全、可控的范围内为孩子规划所有的成长路径。同时，由于父母过度关注孩子的成绩，孩子的独立性、自主性和实践创新能力都会受到限制。"直升机式父母"、大学生家长群等现象，反映的就是家长习惯于使用各种手段来"遥控"孩子的现象。

叶圣陶先生提出的"教是为了不教"的教育思想，可以称为教育的最高境界。这一思想同样适用于父母管教孩子的方式：管是为了不管。为了实现这一目标，我们需要秉持以孩子为中心的教育理念，尊重、培养和发展孩子自我成长的主体性，让孩子回归教育和成长的中心位置，让他们主导决定自己的事务。

真正的成功是自内而外的，它由我们是谁、我们做了什么而决定。

因此，在教育的核心理念中，学校教育的使命是为每名学生搭建自我成长的平台，而家庭教育则应激发和调动孩子自主发展的内驱力。这样的教育能够使孩子深刻理解到，他们的成长和发展是自己的责任，需要为之努力奋斗。同时，他们还需要学会倾听自己内心的声音，明确自己的前行方向，回应内心的真正需求，并勇敢地追求自己想要的生活和人生。

从孩子的视角引导孩子个性发展
方法 15

从孩子的视角来看，世界是一个充满想象和值得探索的奇妙空间，孩子们对周围的事物有着不同于成人的独特看法和感受。然而，我们往往习惯于用成人的思维与认知来引导孩子，忽视了他们内心世界的丰富性和探索欲望，从而错过了许多宝贵的教育机会。

□　自我感知与认知发展

我们可能很难理解为什么一个旧纸箱子对孩子有那么大的吸引力。孩子可以与小伙伴们一起，把纸箱子立起来、藏进去，玩上半天。他们能够创造各种想象中的情境，比如自己正坐在一辆奔驰的汽车上，或者升入太空的火箭中。

走路时，孩子喜欢牵着爸爸的手走在马路牙子上，挑战自己的平衡能力，从中获取成就感。这种看似平常的行为，实际上是孩子对自己的身体的探索和对环境的认知过程。

孩子尤其喜欢玩沙子、玩水、玩雪。在他们的眼里，这些物品都是大自然的玩具，孩子可以根据自己的想象把他们塑造成各种样子，自由地表达自己的想法，满足自己对世界的理解与需求。

孩子在洗漱时，会叼着牙刷满客厅走，而一回到卫生间，又长时间出不来。因为在他们的眼里，卫生间同样是一个可以长久逗留的神秘空间。

这些场景，都是孩子们逐步在头脑中构建对世界的认知、建立知识链接的桥梁。这个过程，也极大地促进了孩子记忆力的发展，因为记忆力与想象力紧密相连。想象可以强烈地刺激海马体，是长期记忆的重要途径。当孩子们沉浸在游戏中时，他们的脑海中充满了各种奇思妙想，这些想象不仅丰富了他们的内心世界，也可能是他们发展出超强记忆力的关键。

家长也要在孩子主动探索的同时，有意识地对孩子加入识记训练。如果你的孩子正处在 1 ~ 4 岁的语言发展关键期，家长可通过与孩子的沟通、讲故事、阅读绘本、播放音频和鼓励孩子和同伴交流等方式，为孩子创设一个自由、宽松的交流环境，增加语言输入与输出量，鼓励孩子用整句话进行清晰表达、复述故事，既提升表达能力，又训练记忆力。识记的过程，实质上是一个主动的自我感知过程。在儿童初涉世界、认知万物的阶段，他们主要依赖于全方位调动感官，亲身实践与环境的互动，以此构建对周围事物的独特理解。

□ 精细动作与实践探索

在孩子成长的过程中，每一个细微的动作都是他们与世界互动的方式。教育部颁布的《3 ~ 6 岁儿童学习与发展指南》指出了如何培养该阶段的孩子在健康、语言、社会、科学和艺术方面的能力和素养。

这份指南强调了对孩子生活习惯与生活能力的培养，特别是基本的生活自理能力。它鼓励我们在孩子们 3 岁时就开始引导他们脱衣服或鞋袜，4 岁时教会他们自己穿脱衣服、鞋袜、扣纽扣，而到了 5 岁，他们应该能够根据冷热自己增减衣服。

为了锻炼孩子的手指灵活性和双手配合协调的能力，家长需要有意识地给孩子创造精细动作练习的场景。比如，家长不要给孩子喂饭吃，而是让幼儿自己抓饭吃。这样不仅能锻炼孩子的手眼口协调力，也让孩子对软硬、凉热等有了触觉的感知。做美工的画、剪、折、粘，以及抓豆子、捏彩泥、穿珠子、使筷子、剥水果皮、择菜等活动，不仅可以丰富孩子们的感官体验，也锻炼了他们的手脑协调能力。

我们需要努力站在孩子的世界，用孩子的视角来看待他们的学习成长过程。这一点在日常生活的许多小事中都能得到体现。

例如，乘坐电梯时，很多家长会习惯性地替孩子按下电梯按钮。然而，这里隐藏着一个很好的教育契机。家长可以引导孩子："我们要去五楼。你看是按哪个按钮呢？"在这样的启发下，孩子会调动自己的感官思维，根据自己所在楼层思考上行还是下行，然后观察箭头的方向判断选择哪个按钮。这个过程不仅锻炼了孩子的观察和思考能力，还让他们体验到自己解决问题的成就感。要注意的是，当孩子观察时，家长不要直接告诉箭头的含义，剥夺孩子自主探究的机会。

幼儿的学习以直接经验、动手操作和亲身体验为主，让孩子自己喝水、洗漱、扫地、整理饭桌、收拾玩具，既锻炼孩子的自理能力，满足了他们探究的愿望，又培养了孩子爱劳动的好习惯。如果是老人带孩子，父母要注意沟通好教育的原则，告诉老人不要坚持"孩子做事只会添乱"的想法，不要事事替孩子包办，以免孩子养成依赖的习惯，而要学会适时放手，让孩子在动手中增加对生活的体验与感知。

□ 个性发展的重要性

孩子内心深处尤为反感的一点是，家长时常将他们与别人家的孩子比较。问题在于，个体的独特性决定了孩子与孩子之间并无真正的可比性。即使是同处一班、家庭背景相近的孩子，甚至是基因几乎一致的双胞胎，他们的个性特征、兴趣偏好依然会存在显著差异。我擅长数学，他喜欢历史；你酷爱运动，她痴迷漫画……正是人与人的这种差异造就了世界的五彩斑斓。然而，父母往往不自觉地以自家孩子的短板对照他人家孩子的长处，忽视了自家孩子的诸多优点。究其根本，这种现象反映出多数家长内心缺乏对个体差异的深刻理解和接纳，以及教育上的定力。

我见过一个孩子，小的时候特别喜欢玩小汽车，推过去，拉回来，乐此不疲；还喜欢看挖掘机一上一下的单调运动。家长很难理解，为什么这个孩子跟其他孩子不一样，能够一小时一动不动地看这些重复的动作。其实这个孩子的天性就是喜欢看轨迹的变化。后来，这个孩子选择了射箭作为人生的目标。他在体校每天非常枯燥地练习准备、举弓、拉弓、放箭等重复性动作，仅拉弓的动作就要每天练习几百次，但孩子非常喜欢："每次我看到箭射到靶心上，就非常开心。"他的目标是考入北京体育大学，射箭的爱好给了他很强的毅力和抗挫折能力。

每个孩子身上都有能撬动他自主前行的"点"，关键是家长和学校能否愿意为发展孩子的个性付出心力。我们学校策划的"遇见校园人物"系列活动，为孩子举办画展、书法展、论坛，设立各种社团、俱乐部等，都是为了让孩子的才华得到展现，让他们找到志趣相投的同伴，增强对自我的接纳力和胜任感，实现由点到面的自我成长突破。孩子的专长受到了关注，就会把这种自信迁移到学习上，人生的格局也就打开了。

以我校苗同学的故事为例。她的热情在于传统文化，而我校不仅认可了她的兴趣，还将她推向了更大的舞台，授予她"故宫文化宣传大使"的荣誉。苗同学和她的团队深入研究陶瓷文化，与故宫博物院专家对话，并在"故宫课程研讨会"上展示了他们的研究成果。苗同学创作的绘本《我与故宫有个约定》，更是将传统文化与现代科技完美融合，赢得了故宫博物院领导和专家的称赞。苗同学也因此被中央文明办、教育部等评为"全国新时代好少年"。

另一个例子是，我校健美操老师发现了两名初一女孩的潜力，鼓励她们加入学校健美操队。最初，她们担心训练会影响学业，但恰恰相反，她们很好地处理了训练与学习的矛盾，提高了学习的效率，增强了任务规划能力。她们所在的健美操队先后拿到北京市和全国健美操比赛冠军，这两名女孩在享受成功带来的喜悦的同时，也深刻体会到"努力就会有收获"的人生道理。而且她们的学习成绩也一跃成为班级的前两名。

这些看似"无用"的学习，很可能对孩子未来的人生有大用。家长要充分认识和欣赏自家孩子的个性特点，引导他们按照自己的节奏成长。

方法 16　五招锻造孩子的专注力

在深入探讨了孩子独特的个性发展之后，接下来的内容将聚焦于那些卓越儿童所共有的核心品质。其中，专注力无疑是左右孩子学业成就与生活质量的一项至关重要的素质。

笑笑的父母是清华大学少年班的佼佼者，而笑笑本人对于阅读的极度专注，给我留下了深刻的印象。那天，她来到我家，与其他小朋友玩了一会儿后，就顺势跪在地上，手里捧着一本书，眼睛紧盯着每一个字，仿佛整个世界都消失了，只剩下她和她的故事。我能明显感到她已全然沉浸于书卷中，达到了物我两忘之境。我拿了个垫子，对她说："笑笑，抬一下膝盖。"但直至垫子垫上后，她都没有回应我，甚至没有意识到膝盖下的变化。

拥有这种专注的深度，相信是很多家长和教师对孩子梦寐以求的期待。尤其是在短视频、移动游戏"劫持"孩子大脑的今天，对孩子专注力的培养面临着更大的挑战。

□ 专注力的基本认知

专注力不同于日常所说的注意力。注意力是指人的心理活动指向和集中于某种事物的能力，是先天存在的。而专注力是注意力的一个子集或特定表现形式，特指在一定时间内持续地、有目的地深入聚焦于某一特定任务或信息上，而不受内外部干扰的能力。专注力不是天生的，需要后天的培养，是一种持续且坚持自控的状态。专注力是一种更深层次的认知活动，是孩子智力发展的驱动力，需要我们有意识地培养。

专注力的形成要追溯到幼儿时期。当孩子们沉浸在积木或童书的世界里时，他们就是幻想国度的探险家和创造者。但如果家长缺乏培养孩子专注力的意识，孩子的这种状态就很容易被破坏。当孩子专注地做事或游戏时，有的家长一会儿叫着孩子的名字给孩子递来水杯，一会儿又把苹果塞到孩子口中，这些出自好意的打扰实际上会打断孩子的专注，破坏孩子聚精会神做事的习惯。意大利幼儿教育家蒙台梭利曾提醒家长：除非你被孩子邀请，否则永远不要去打扰孩子。请为孩子打造一个以他们为中心、让他们可以独自做自己的世界。

教室里的情况也不容乐观。课堂上，当全班同学都在按照老师的要求安静地完成学习任务时，上课的老师跟一位同学交流的声音却高到全班都能听到，这就说明这位教师缺乏培养孩子专注力的教育意识。

又或是一个同学早自习迟到，班主任老师当着全班同学的面大声批评这位同学，正在读书的孩子们不得不从学习中抽离出来，抬头看向呵斥的老师。老师的这种做法会干扰其他同学的专注力，打断他们原本连贯的学习进程，破坏班级应有的宁静与专注的学习氛围。

这样看来，孩子专注力的培养的确应该引起家长和教师更多的关注。

□ 专注力的培养策略

培养专注力是一项长期且系统的工作，具体的培养要点包括后文专门要谈到的时间任务管理、目标思维、多样化的学习方式等，在这里先提醒大家如下几点。

1. 营建安静的学习环境

专注力的培养首先需要一个适宜的环境。一旦孩子按照任务进入学习状态，家长和教师就应该"三缄其口"，不要打断孩子的专注学习。在课堂上，一些教师在布置了五分钟的学习任务后，却频繁地打断学生的思考过程，一会儿提醒审题，一会儿强调思路，这种行为无意中剥夺了孩子独立思考的机会。因此，我们鼓励教师在学生思考时保持沉默，让学生有充分的"留白"时间去探索和学习，而不是用讲解来代替学生的自学过程。

同样，家长在家中也应该与孩子一起努力营造安静的学习环境，尽可能为孩子提供一个独立的学习空间，让孩子在没有外界干扰的情况下专心学习。家长在看电视或打电话时应控制音量，以免分散孩子的专注力。

2. 选择简单的学习桌椅

为了让孩子能坐得住，不做小动作，要简化学习环境。书桌应该保持整洁，避免摆放可能引起孩子分心的物品。学习桌的设计不必过于复杂，不必配备多功能分区。椅子不要带轮子的，否则孩子可能会晃来晃去。房间布置和学习物品摆放简单实用，清清爽爽，孩子学习时也会内心安宁。

教室内的装饰也应尽量简洁。我认为，黑板两侧和上方不应过多展示诸如"天道酬勤""宁静致远"之类的标语和座右铭。这些张贴的语言很难触及孩子的内心，除非他们自己下定决心改变。孩子们的视线应聚焦在黑板和教师的讲解上，而不是被周围繁杂的装饰所吸引。教室布置应当避免过于花哨，教师的着装也应简约大方，以免无意中成为分散学生专注力的因素。

3. 学习时不做无关的事情

为了使孩子在学习时保持专注，家长和教师需要确保孩子在学习时段不会因为不相关的事务而分心。在孩子开始学习之前，可提醒他们处理好生理需求，如上厕所、喝水等，以避免学习时被这类事务打断。同样，手机和其他电子设备应远离学习区域，以免信息提示音打断孩子的思路。

　　在课堂上，学生也应避免携带可能分散专注力的物品，如电话手表、玩具或功能复杂的铅笔盒等，用一个简单的笔袋足以替代铅笔盒。其实，学校规定学生穿校服的原因之一，也是为了减少他们在衣着上分散注意力，从而让孩子们能够更专注于学习。

4. 培养学习兴趣与自信心

　　孩子在进行自己喜欢的活动时，往往会进入一种被称为"心流"①的状态，获得愉悦的满足感。例如，喜欢打篮球的孩子，不论酷暑严寒，吃没吃饭，都可以忘却时间，和几个同伴专注享受打球的快乐。为了让孩子在学习中能够进入这种"心流"状态，保持高度专注，家长和老师要通过多种方式激发孩子在阅读、写作和其他学习领域的兴趣。

　　比如有一次，我和笑鸿的妈妈带着三岁的笑鸿散步，笑鸿突然说出："牵着爸爸手，牵着妈妈手，笑鸿走啊走，走啊走。"当孩子呈现这样的想象力与表达力时，家长要及时鼓励引导孩子："等你长大识字后，把这些感悟写出来，就是一首诗歌、一篇文章。"或者帮

_____

① "心流体验"是匈牙利心理学家米哈里·契克森米哈赖提出的概念。它描述了人们在全神贯注的状态中体验的心理状态：个体高度专注于当前的任务或活动，忘却时间，自我意识减少，感到愉悦和自然的流畅感。心流体验可能发生在各种情境下，包括工作、学习、体育、艺术等各种活动中。

孩子把这段话写出来张贴在墙上，孩子就会觉得写作其实很简单，写作兴趣也就得到了培养。

在学校，教师要以培养孩子的核心素养为指向，重点培养孩子的学习能力，通过小组合作的实验操作、项目式主题探究、社会实践等学习方式，充分调动孩子学习的主动性和与同伴一起探究的热情。

如果孩子对某个学科感到畏惧，比如数学，家长可以与孩子的数学老师私下了解第二天的授课内容，让孩子"碰巧"预习到，上课时老师又"碰巧"请孩子讲解这道题。这样的成功体验，加上老师的表扬和同学的认可，可以极大地激发孩子的自信。家长还可以扩大战果，鼓励孩子在家主动学习数学，并在一段时间内给孩子持续的帮助和肯定。

通过这些策略，我们可以在孩子心中培养出对学习的热爱和自信，从而让孩子享受专注带来的高效体验。

5. 防止过度依赖智能手机

在移动互联网时代的今天，短视频泛滥，我们与孩子的时间与精力都被不断收割，专注力愈发成为这个时代的稀缺品。干扰专注力的因素越多，孩子在面对学习与阅读时就越难以凝神聚力。这就需要我们在大数据算法推送的信息面前保持定力，坚持培养自己和孩子的专注力。虽然孩子可能会以与同学沟通为理由要求使用手机，但手机的信息推送与超链接会让孩子深陷网络，任由时间流逝。家长可以告知孩子：如果确实需要与同学沟通某件事，不必通过发微信文字或语音，可以在校内利用课间、中午等时间进行沟通，也可以召开线上视频或语音会议，集中时间讨论，既能提高效率，也能有效提高专注力。

培养专注与内心的静气，在数字信息时代显得尤为重要，让孩子晚一点拥有智能手机，不失为理性和深远的思考。

培养任务规划力：提升孩子的时间价值感
方法 17

孩子拿起语文书刚翻了几页，又顺手拿起数学练习册，还没有做题，突然想起了化学作业，看到小玩具，又玩了几分钟……一小时如沙漏般流逝，而孩子什么作业都没有写完。孩子这种拖延、无序的学习状态，不仅是因为缺乏学习的专注力，更因为他们对时间的认知尚未成熟，缺乏任务规划的能力。

在考场上，时间是无情的裁判。有些孩子会在难题上鏖战太久，耗费了宝贵的时间，最终却在容易的题目上丢了分数。所以，考试不仅是对知识、思维的挑战，更是对时间分配战术的考验。

□ 时间观念需要从小培养

优秀的孩子之所以能在众多领域表现出色，往往是因为他们能够恰当地驾驭时间，是时间管理的高手。他们的这种能力，很大程度上是受到了时间观念强、任务安排有条理的父母耳濡目染的熏陶。

在日常生活中，父母严格遵循时间规划，无论是用餐、工作、休闲还是睡眠，都有固定且合理的节奏，从而能营造出一种有序的家庭氛围。孩子在这种环境中耳濡目染，就会自然而然地感受到时间的规律性和价值，逐渐意识到时间是有限的资源，应当被尊重并合理利用。

为了培养孩子的时间意识，父母可以较早地教孩子认识钟表，帮助孩子从认知层面理解和感知时间。对于学龄前或低年级的孩子，直观地认识钟表是首要步骤。父母可以使用带有指针的传统钟表，耐心地解释时针、分针、秒针的运行方式，让孩子明白小时、分钟和秒的概念以及它们之间的转换关系。此外，卡通化的教学材料、互动式的手机应用等多元化的教育资源也可用来辅助孩子学习时间知识。

父母还可以进一步通过设定计时器或使用专为儿童设计的趣味闹钟，让孩子在玩耍、阅读、做家务等活动中感受特定时间段的长短。比如，父母说"再玩 10 分钟咱们就收拾玩具准备晚餐"，并用计时器设置倒计时，孩子便会在倒计时的过程中，直观地看到时间的减少，从而理解"10分钟"并非抽象的概念，而是可感知的、有限的时段。当闹铃响起，便是行动的信号，孩子由此建立起对时间开始与结束的清晰认知，养成遵守时间约定的习惯。

除了对短时间段感知的训练，父母还应引导孩子参与规划更长期的时间安排，比如一周的学习计划、周末的家庭活动日程等，让孩子参与到计划的制订中，让他们理解如何根据任务的重要性和紧迫性进行优先级排序，学会给学习、娱乐、锻炼、社交等不同活动合理分配时间。通过这种方法，孩子不仅能习得时间管理技巧，还能培养对生活的自主性和责任感。

此外，父母还应适时给予孩子正面反馈和激励。当孩子按时完成任务或主动遵守时间安排时，父母应及时予以表扬和肯定，强化其对良好时间观念和行为的认可。反之，当孩子出现拖延行为时，父母应耐心引导，帮助他们分析原因，调整策略，逐步克服时间管理上的困难。

□ 学会安排任务优先次序

美国管理学家史蒂芬·柯维提出了一种被称为"四象限法则"的时间管理理论。该理论用"重要"和"紧急"两个维度把事情分为四类：重要且紧急、重要但不紧急、不重要但紧急、不重要也不紧急。四象限法则又被称为二象限优先原则——用主要的时间和精力集中处理重要但不紧急的工作，可以获得工作的更高效能。

时间管理不仅适用于成人的工作和生活，也适用于孩子们的学习和生活。

1. 重要且紧急的任务：立即行动

对于那些重要且紧急的作业，比如语文、数学和英语，孩子们应当立即着手进行。在这些基础学科上，孩子们应当在精力和注意力最为集中的时刻投入学习，完成这些任务后，他们的压力会显著减轻。这时候再安排学科拓展、课外阅读、艺体训练等，孩子的心情就会更从容一些。

2. 重要但不紧急的任务：战略性规划

对于那些对孩子成长至关重要但不紧急的学习任务，家长需要帮助孩子们进行战略性的规划，即制订详尽的计划，并且有条不紊、先紧后松地执行。对于低年级的孩子，学习时应当优先考虑语文和英语的基础性作用，通过日常的听说读写，打下坚实的语言基础；而到了小学高年级和初中阶段，数学的重要性逐渐凸显，此时则应当将数学放在学习的优先位置，培养孩子的逻辑思维能力。步入初中后，面对科目数量的增多，孩子们在规划学习任务时，可优先聚焦于自身较为薄弱的学科，以此为基础进行规划，全面提升各科学习成效。当临近中考或高考时，倘若具备自主调配时间的条件，建议孩子参照考试科目的具体安排，有意识地将相关科目的学习时段调整至与考试对应的时间段（如上午或下午），同步调整自身的生物钟，以期更有效地契合考试的节奏，实现以最佳状态应考。

□ 按时按序执行任务

任务规划的可视化对于孩子有着显著的指导意义。针对幼儿及低年级学生，家长可以鼓励他们通过绘画这一直观形式，将诸如体育锻炼、乐器练习、阅读、整理玩具、收拾书包、洗漱等日常生活与学习任务形象化展现。让孩子每完成一项任务，就在对应的图画上画上一个满意的对钩，让孩子在赋予自己成就感的同时，也建立起清晰的任务完成记录。

随着孩子对时间观念的理解逐步深化，家长可以引导孩子适时把时间长度纳入规划，使孩子的任务管理更为精细化。例如，在任务列表中标注每项活动预计所需的时间，或者使用时间轴的形式展示一天中各项任务的分布，促使孩子养成按时按序执行任务的良好习惯。

对于那些耗时较短、易于穿插进行的任务，我们可以引导孩子将其写在待办清单卡片上，每张卡片只记录一个任务，并放入铅笔盒中。当孩子在日常生活中遇到短暂的间隙时间时，比如等待就餐的时间，或是有因为高效率完成任务而多出来的时间，他们便能随机抽取一张小卡片，顺手完成那些简单的小任务，如整理错题、复习单词、背诵诗歌等。如此一来，孩子就既有效利用了碎片时间，也提升了学习的灵活性与趣味性。

□ 考试答题时间精准安排

在帮助孩子进行日常时间管理和任务规划的过程中，我们实际上也在为他们应对考试的挑战做着精心准备。考试答题不仅是对孩子知识的检验，也是对他们时间管理能力的考察。孩子在考场上需要精准把控答题顺序和每道题的作答时间。

在英语考试中，除了听力部分，题目通常从单项选择、完形填空开始，接着是阅读理解。然而，答题顺序并非固定不变，有的孩子可能会选择先完成阅读理解题，再回头做单项选择题。这样的安排背后有其合理性：首先，阅读理解题是英语考试的核心部分，分值较高，因此需要优先保证这部分的时间充足；其次，在做完几篇阅读理解后，语感得以提升，这时再回头做单项选择题，准确率会有所提高。

对于语文考试，有的同学先写作文，这是不可取的。毕竟，写作文的时间可长可短——50 分钟能写一篇作文，在时间紧张的情况下，30 分钟也可草就而成。相比之下，文言文阅读、散文阅读等题型对时间的硬性要求更高一些。

中高考的试题题型相对稳定，这就对孩子的备考训练提出了明确要求：针对具体题型，需精确预估并掌控答题所需时间。例如，倘若通过分析，得出一篇英语阅读需 10 分钟完成，那么一旦孩子实际用时达到 12 分钟，便说明孩子在这一环节存在效率短板。此时，备考策略就应强调针对性的专项强化训练，帮助孩子加快这个题型的答题速度。

家长们在陪伴孩子成长的过程中，应始终树立目标意识，从自己做起，与孩子们共同精进时间管理和任务规划。这不仅是帮助孩子在学业上取得优异成绩的关键，更是他们成长成才过程中不可或缺的一课。

班级角色认同：正确鼓励孩子竞选班干部

方法 18

孩子升入四年级后，开始对自我角色有了新的认识和期待。比如，开学后不久，笑鸿向我提出了一个问题："我不想继续做班长了。这次我想竞选小组长，可以吗？"

面对孩子的主动表达和自我诉求，家长该如何回应呢？

□ 班级角色的个性化选择

在回答这个问题之前，家长首先需要了解班主任对班级文化和学生培养的目标。事实上，即使在同一所学校内，每位班主任的教育理念和方法也有所不同。

有的班主任设立班干部职位，可能更希望找到能够协助自己管理和处理班级事务的助手。在这种情况下，学习成绩优异、反应迅速、做事敏捷、性格外向的孩子往往会被班主任选中担任班干部。然而，这种教育指向可能会带来一些问题：一方面，班干部可能会逐渐形成管理者的优越感，不利于与其他同学建立平等的关系，也不利于平和性格的形成；另一方面，其他同学可能会养成服从管理的个性，缺乏对班级事务的参与感和归属感，不利于他们自信心的培养。

如果班主任更关注每个孩子的成长，就会在班级中设置"班级岗位"。岗位匹配班级全部孩子，每个孩子都需要申请自己感兴趣的岗位，如果有多人申请同一岗位，可以通过演讲和同学们的投票来决定最终的担任者。这些岗位可以定期轮换，让每个孩子都有机会体验不同的角色，从而培养他们的自我要求和服务意识。这种教育方式不仅能增强班级的凝聚力，还能促进同学间的平等交往，有助于孩子们形成健全的人格。

□ 正确面对竞选结果

按照这样的理解，家长对孩子选择哪个岗位应持有开放的态度，尊重孩子的决定，同时鼓励他们明确岗位职责和服务内容。在准备竞选演讲时，家长应给予孩子足够的支持，帮助他们充分准备。

当选上岗后，孩子需要认真履行职责，保持热情服务的态度，并通过自己的行动赢得同学们的尊重。这样的经历不仅能增强孩子的自信心，还能为他们的自我成长注入源源不断的动力。

如果孩子没有当选，也是很正常的，而这正好是挫折教育的契机。家长应引导孩子分析当选同学胜出的原因，并从中改进自己需要提升的方面。同时，家长还应帮助孩子调整心态，向当选的同学表示祝贺，以开阔的胸怀接受不利的结果。

挫折教育的意义在于让孩子能够以成长型思维面对失利或失败，认识到挫折和失败恰恰是成功的必经之路，从失败中吸取经验教训，调整思路和方法，不断激励自己在逆境中以更好的状态迎接新的挑战。

作为家长，我们的目标不仅是帮助孩子在竞选中获得成功，更重要的是教会他们如何在面对挑战和不如意时，展现出坚韧不拔的精神和不断进取的决心。

□ 班干部的服务角色

在当前的中小学教育体系中，班干部的设置往往还是沿袭了传统的管理型结构。对于正处于心智成长期、价值观和是非观尚未完全形成的小学生而言，如果过度强调班干部的管理职能，可能会无意中加深班干部与其他同学之间的隔阂，对孩子的心理健康造成潜在的负面影响。因此，对于那些真正关注孩子成长的班主任来说，他们更倾向于强调班干部的服务属性。

通过策划各类项目、组织各种活动，以及开展讨论等形式，班主任可以引导班干部带领同学们积极参与到班级事务中。在这样的互动过程中，孩子们不仅能够学习如何共同生活、共情理解、协作配合，还能够培养对他人的包容和尊重等重要品质。

在众多班干部职务中，班长无疑是最为引人注目的。班长的职责范围涉及班级纪律、活动的组织、学校事务的协调，需要面对所有同学，与班委成员和各个班级岗位紧密合作，确保班主任的各项要求得以落实。这样的职责无疑能使孩子的处事能力、协调能力和组织能力得到全方位的锻炼。

在孩子是否竞选班长的问题上，家长应与孩子从孩子的个性、班级职责要求、担任班长对学习的影响等各方面的利弊进行充分探讨。同时，也要考虑到小学、初中和高中等不同学段的特点。例如，高中阶段的学习压力相对较大，家长应特别关注孩子的自我管理能力和学习效率。当然，最终的决定权还是应该交给孩子，以培养他们对自身事务的自主决策能力。

回到笑鸿对我抛出的问题，相对于班长，小组长的职务可能显得"官职"较小，但这样的角色却拥有更大的灵活性。作为小组长，孩子可以更容易地组织五六个同学进行小组学习、探究议题，甚至组织周末外出活动。在这样的过程中，孩子的领导能力、组织能力和协调能力将得到显著提升，同时也能让孩子获得更为直接的成就感。

然而，小组长和教师需要特别注意确保每个小组成员都能够积极参与并感受到成长。现在的教育实践中，虽然很多教师喜欢采用小组学习和探究的方式，但观察显示，总有部分同学在小组讨论中被边缘化，发言机会寥寥。因为每个小组总有善于表现的同学，他们掌控了小组活动中大部分的学习时间和发言机会。因此，小组长在这方面需要做好分工，确保每个同学都能在小组中找到归属感，并有效参与合作学习。

我是这样回应笑鸿的："你能认真思考自己的角色并勇敢提出新的尝试，我感到非常欣慰。你在考虑竞选小组长这件事上展现了独立思考和勇于挑战自我的精神，这是十分可贵的。你当然可以参加小组长的竞选——每个人都有权利选择自己在团队中所担当的角色，并且，体验不同的职责可以帮助你全面发展。不过，你也要明白，无论是班长还是小组长，都是为了服务同学、锻炼自己，都需要承担责任。所以，在做出决定之前，请你仔细想一想自己为何想做小组长，以及能为小组带来哪些贡献。我们会全力支持你的决定，并陪伴你一起经历这次新的挑战。"

□ 精心准备竞选演讲

在竞选过程中，发表一场精彩的竞选演讲至关重要，它常常是竞选者赢得同学们支持的关键。每一位同学手中选票的去向，往往取决于竞选者的演讲所激发的情感共鸣与感性判断。因此，竞选者必须善于精巧地将自己的信念、理想和才干融入竞选演讲中，以深入人心的方式传递给听众，进而获取他们的理解和认同，最终赢得宝贵的选票。

撰写一份出色的演讲稿是演讲成功不可或缺的前提，为此，家长与教师应当为孩子提供必要的指导和协助。在后文中，我们会详细阐述演讲稿撰写的技能，这里先重点说一下竞选演讲稿的构思。

首先，演讲者需准确而深刻地阐明自己对竞选职位的认知与理解，这不仅能彰显其敏锐的观察力与深刻的见解，更能为随后的论述构筑坚固的基石。在此基础上，演讲者应着重突显自身与竞选岗位相符的优点与特长，让听众深切感知自己与众不同的特质。

其次，为了增强说服力，演讲者应避免空洞和抽象的陈述，而要用具体的事例来展现自己的观点和专长，证明自己的领导能力，展示自己的人格魅力。

最后，演讲者需要将自己的竞选愿景与班集体的进步紧密关联，激发同学们的集体荣誉感和自豪感。这样一来，同学们不仅能领略到演讲的实力与远见，还能深深感受到他对班级的挚爱以及对班级事务的郑重承诺。

这是笑鸿三年级竞选班长时自己撰写的演讲稿，较为简洁、清晰，演讲也赢得了班级同学的普遍认可。

竞选班长演讲稿

邱老师好、同学们好：

我一开始想竞选别的岗位，最后我觉得还是班长有更多的机会为大家服务。

因为我认为，班长的职位代表的不是权力，而是为班级付出的责任。班长不仅仅是为同学服务，还要做好老师的小帮手，搭建起老师和同学之间的桥梁。

我认为当班长必须得有组织能力，否则就干不好。我就经常组织好朋友出去玩，比如有一次去白河大峡谷，我给大家分了工，带着大家搭帐篷、捡柴火，我还鼓励大家攀岩，大家在我的带动下都成功地挑战了自己。

我认为，班长还要有爱心，关心每位同学。我曾经去过孤儿院，为那里的小朋友们送去了学习用品，通过和他们的交流，也让我对关爱、关心他人有了深切的体会。

我们十班是学校最优秀的班集体。如果我能竞选上班长，我将与班委成员一起，以身作则，在班主任老师带领下，努力让十班变得更好，获得更多的荣誉，让同学们既能够严格要求自己，又能够互相帮助，精心准备、积极参加学校的各项活动，在活动中展示我们十班的团结和风采！

希望同学们能给我投上宝贵的一票，我会尽自己最大的努力，不辜负你们的期望和信任，给大家带来惊喜和温暖！

谢谢大家！

□ 合作是成长的智慧

毫无疑问，无论担任什么班级职务，与同学之间的良好合作是履职的基础，也是孩子智慧成长的关键。这种合作精神在学习上同样至关重要。比如孩子帮助其他同学学习数学，其他同学告诉他如何学好英语和历史，就体现了合作互助带来的双赢。

始终保持谦逊的姿态和欣赏的眼光，让别人因为自己而出彩，反而会让孩子获得更多的回报。反之，那些只想着索取的人，往往难以建立稳固的人际关系，也难以取得真正的成功。

哈佛大学的研究表明，影响个人幸福的最重要的外部因素是人际关系。因此，家长应该引导孩子摒弃孤军奋战的学习模式，学会与人交往；鼓励孩子在同班、同年级或同校同学中，至少交到一个志同道合、无话不谈的朋友，互相欣赏、互相鼓励，让孩子的生活变得更加丰富多彩，充满意义。

方法 19　开启户外大课堂：培养孩子的韧性

"课间十分钟"的话题曾在社会上引起了广泛热议。部分小学出于安全顾虑，规定学生课间活动仅限于去洗手间、饮水等必要事项，不得进行户外活动，极大地限制了孩子们在课间的活动范围。考虑到课间休息时间本就不长，加上教师偶尔拖堂，孩子们实际能享受的自由活动时间极为有限。但更有甚者，有的学校连午休时间也不允许学生在室外操场上活动，理由是人员密集、场地受限，担心引发不必要的碰撞事故。[1]

的确，小学生由于自我保护意识尚处于发展阶段，需要教师的密切监护以防止出现安全隐患。然而，这恰恰引发了关于教育理念

---

[1] 2024 年 8 月 30 日，北京市教育委员会印发《优化全市义务教育学校学生在校课间时间指导意见》通知，要求自 2024 年秋季学期起，全市义务教育学校原则上落实 15 分钟课间时长，严禁拖堂和提前上课，坚决杜绝课间禁止学生出教室的问题。——编者注

的深层次的探讨：学校在坚守安全底线的同时，是否也应该充分考量学生的身心健康和长远的社会性成长？敢于适度放手，让学生在阳光下自由地奔跑、尽情地玩耍，同时也能勇敢地面对由此带来的责任和挑战，这是教师能否大胆放手让学生自由活动的重要依据。

另一个问题则是家长的观念问题。当孩子在体育活动中受到磕碰时，家长是惊慌失措，对学校、教师和相关同学及家长不依不饶，提出过分要求，还是以成长的眼光与孩子积极面对这类突发事件，这会对学校制定相关政策、是否愿意在保证学生自由活动上投入更多资源产生重要影响。

但孩子成长中的这些问题也不能孤立看待，是受社会大环境影响的。

□ 风险、活动与身心发展

儿童发展研究表明，儿童的攀爬、跳跃、旋转、奔跑等动作，都能提高肌肉、骨骼、关节等组织的力量和综合协调力，有利于孩子的身心发展。

让孩子接触岩石、木材、草地、沙滩等天然材料，可以很好地刺激孩子的触觉，进而激发他们的想象力和创造力。然而，在现实生活中，很多家长倾向于刻意避免孩子涉足一切可能带来危险的活动和环境，从而在无形中剥夺了孩子探索学习、规避风险的体验与机会。这种做法在一定程度上弱化了孩子对危险的判断与规避能力，不利于孩子全面、健康地成长。

在网络技术日益普及的信息时代，孩子们花在电子设备上的时间呈现出逐年递增的趋势，加之学业负担的加重，导致他们接触户外活动和探险的机会大幅减少。这种现实情况导致男孩们缺失了一种原始的活力与韧性，而女孩们也可能减少了应有的活泼与灵动。站在长远发展的视角，我们应当倡导和鼓励男孩们培养和展现更多的阳刚气质，甚至适当地培育一种冒险精神。强壮的体格和开阔的心胸，是体现男性青少年特性的关键标志，这对于他们学会面对学业挑战、生活压力和未来困境具有重要意义，有助于提升其坚韧不拔的毅力和抗击逆境的能力。同样，我们也应关注并激发女孩们的活力与勇气，让她们在全面发展的同时不失女性所需的生机勃勃与顽强拼搏的精神风貌。

事实上，任何形式的活动都无可避免地伴随一定程度的风险，日常生活也不例外。"学生"这一词中的"生"字寓意深远，它首先指"生存之道"和"生活之理"，包含了学习生活的基本技能与处世智慧的内涵。将"学"的范畴仅仅限定于书本知识是一种狭隘的理解。我们有必要在实际生活中教会孩子一些必备技能，比如如何安全地使用刀具切菜，如何在交通繁忙的十字路口规避大型车辆的视线盲区，以及在面临火灾、地震等突发灾害时怎样迅速逃生，洪水来袭时又该如何自救，等等。我们不能因为担心危险或这些技能不在考试范围内，就彻底剥夺孩子们亲身实践和学习这些生活技能的机会。

我们要做的，是在活动前和活动中鼓励与引导孩子学习预判风险和保护自己。只要通过循序渐进的训练，做好相关医护准备，即便真的在活动中发生磕碰、摔伤，也能减少受伤程度，这样的风险应该就是家长和孩子可以接受的。

如果无法承受任何伤害，孩子将失去很多探索与学习的机会，难以培养出面对困难和挑战的自信心与能力。毕竟，生活在温室里的花朵，最终还是要在现实的生活中承受风吹雨打。换个角度看，遭受小伤小痛又何尝不是一件好事？因为这些微小的创伤也许正是为了避免日后更大的人生挫折。尤其对于男孩子而言，一点点的伤疤也可以看作是他们成长的荣誉勋章。

□ 从虚拟走向现实：户外活动的重要性

每个人在生活中都会面临挑战，但正是这些挑战和艰难塑造了一个人的思想和个性。所以，我们要认识到，任何发生在我们身边的事情，都是对自己成长和学习的热情邀约，对孩子也是如此。

学校和家长要拥有大课堂观，课堂可以延伸到生活的方方面面，让孩子的脚步和眼界抵达更远的地方。石家庄一中通过"生命教育"的理念，制订了一套学生成长促进计划，即"石家庄一中学生生命呵护体系"，列出了学生在高中三年应该完成的 24 项成长体验事项。其中有一项是这样写的。

> 至少有一次参加外出打工或售卖商品等商业活动而获得经济回报的经历。理解"血汗钱"的真正含义和意味，知晓自己能够凭自己的劳动获得报酬，以此来了解社会，了解家庭，认识自我，在付出和待遇回报中锻炼自我。

北京国际青年营设计过类似活动，孩子们只带着 100 元启动资金，用 10 天时间沿着丝绸之路从西安前往敦煌。他们需要自行规划交通、赚钱和游览的方式。在这个过程中，孩子们必须独立思考，做出决策，并付诸行动。他们学会了如何在团队中扮演负责任的角色，提出有价值的建议，并在讨论中慎重投票，维护团队的平等和团结。这样的经历不仅使孩子们增长了智慧，还帮助他们突破了自我认知的界限，塑造了新的自我。

这种实践设计的目的与印度诗人泰戈尔的观点不谋而合："良好的教育应该使每个人能够无畏地踏入生活的洪流。"为了培养孩子面对生活时的信心和勇气，我们需要精心设计适合他们成长的实践活动。

以一位朋友的女儿为例，她是个社交达人，享受与人交流的乐趣，热爱舞台和聚光灯。由于自小学习法语和英语，她拥有广阔的国际视野。但她的活跃天性也为她带来了挑战：她难以静下心来专注学习。她的母亲清楚地认识到这一点，并决定采取行动帮助女儿更好地成长。

这位母亲主要采取了两个策略：首先，她让女儿学习钢琴和大提琴等乐器，通过音乐的力量帮助女儿平静心灵。其次，她会在周末带女儿去农村体验生活，让孩子在与田野、鸟虫、庄稼的接触中平静内心，也让孩子见识人生百态，了解和尊重不同的文化和传统，学习宝贵的生活技能。

增加户外活动和现实生活体验对于青少年的成长意义重大，学校和家长要有意识地为加强孩子的社会生活实践创造机会。让孩子通过真实的环境和情境，磨砺性情、经历风雨，锤炼孩子的领导力、解决问题的能力和应变能力。孩子们在亲身参与多元化的社会实践和户外活动中，才能切实体验到生活的不易与多彩，学会换位思考，增进同理心，进而培养出坚韧不拔的精神和适应未来社会的能力。

和 AI 做朋友：在人工智能时代保持进步

方法 20

人工智能（Artificial Intelligence，AI）日渐渗透到生活的方方面面，如人脸识别、无人驾驶、智能家居、智能音箱、机器翻译等，孩子们也在使用扫描笔、在线答疑机器人和拍照寻求答案的 App 来辅助学习。但 2022 年底，以 ChatGPT 为代表的生成式人工智能

（GAI）的出现，对学生的学习和我们的工作带来了前所未有的冲击与变革，这也是孩子成长故事中出现的特定时代背景。

□ AI 如何助力学习

先举两个例子。2024 年春季开学典礼之前，我撰写出演讲稿后，把它交给 AI，请它给出整体评价并提出润色建议。我演讲的主题是《学习不止于课本与课堂》，希望孩子们能够拥有大学习观，抱有开放的学习态度，发挥自己学习的自觉性与主动性。AI 对文章的整体评价还不错，认为"这篇校长讲话稿内容丰富、结构清晰，并涵盖了多个重要的教育理念"，并提出四条建议。

1. **增加互动性**。可以在讲话中加入问题或小调查，邀请师生参与互动，让讲话更加生动。

2. **数据和事实支持**。在提到学校的成就或某些具体案例时，可以加入一些数据或事实来支撑，使内容更具说服力。

3. **适当简化句子**。有些句子较长，包含多个意思，可以适当拆分简化，以便听众更好地理解和吸收。

4. **明确期望和目标**。在讲话的结尾部分，可以对学生和教师更明确地提出新学期的期望和目标，让大家有更清晰的方向感。

我给它发布指令，"请按照你的建议给修改一下吧"。它回应我："当然可以。"几秒就呈现出修改后的文章，我觉得整体修改得可圈可点，摘取一句比较一下：

写作原稿：生活、社会和自然都是丰富知识的宝库，每个场景都蕴含着独特的学习机会。

AI 修改稿：生活本身、社会的每个角落、自然界的每丝细微，都是知识的源泉，都蕴含着学习的机会。

我还是比较认可 AI 对这句话提出的修改建议的，因为它有三个方面的优点：

1. 原稿用于书面的文章是没有问题的，逻辑、用词与文采都是具备的，但修改稿更能体现讲话稿、演讲稿表达的口语化特点。

2. 考虑到了听众脑海中浮现的画面感，"生活本身、每个角落、每丝细微"比单纯的"生活、社会、自然"更具有想象力，能够引发听众的思考与共鸣。

3. 原句内容丰富，句式较长，修改为短句后，用于口头表达时更富有节奏感与表达力。

作为一个时刻把握各种学习机遇的人，我从这个修改中学到的写作提升点就是：确保演讲稿语言形象生动，使听众能够在头脑中形成直观的画面；尽量减少冗长复杂的句子，而采用简洁有力的短句结构；力求摆脱书面化的表达方式，而强化口语化元素，以提高交流的亲和力与感染力。这一系列认知上的进步，正是得益于 AI 对我写作实践的启发与助力。

我们明显洞察到人工智能在教育领域的广阔应用前景，特别是在充当孩子的个性化家庭辅导角色时，AI 扮演着不可或缺的重要角色。

在学校环境中，老师们承担的教学任务繁重，面对海量的作业批改工作，特别是语文和英语老师在批阅作文时，往往难以针对每篇作文中的每个词汇选择、语法结构和语病逐一精细点评，更多时候，他们只能给出整体性、鼓励式的评价。在这一环节，AI 技术恰恰可以填补空白，在教师详批之前先行一步，对孩子完成的作文进行初步的修订和完善。

不过，我们务必认识到，AI 所做的修订并非终点，其目的在于引导而非替代学生自我提升的过程。孩子们应当通过对 AI 所提出的建议进行深入思考和学习，逐步提高自身的词汇运用能力、写作技巧以及对语法规范和语言风格的敏感度。这一过程不仅有助于他们学会如何去优化自己的作文，更能激发他们在写作中展现个性特色和创新思维。

因此，在利用 AI 助力学习的同时，我们必须坚守教育的本质，即培养孩子具备自主学习的动力、良好的计划性、自律意识和自我反思能力。只有这样，AI 才能真正成为孩子提升学业成效的得力助手，而非被用来投机取巧。

□ AI 在教育领域的应用潜力与警示

AI 在学习过程中的即时反馈方面具有无可比拟的优势。传统教育模式中，学生往往需要等待较长时间才能得到作业和考试的评改结果。而有了 AI 辅助的教育工具，学生可以立即获取作业和测试的分析、精准评价和建议。这种实时反馈能够帮助学生及时纠正错误，提高学习效率，确保错误的思维方式不会长时间占据大脑。

此外，AI 还能提供个性化的学习体验。通过记忆学生的学习历程并分析其优点和不足，AI 可以为每个学生量身定制学习计划，提供资源。许多学校已经开始使用这项技术：老师借助相关工具，将批改后的作业和试卷实时上传至云端，从而形成每个学生个性化的学习画像。AI 会根据学生薄弱的知识点选择有针对性的习题推送给学生，从而打破传统上班级统一布置作业的模式，使学生的学习变得更加有趣且符合个人需求。

然而，如果孩子缺乏学习动力，敷衍应付作业，AI 就可能对其学习轨迹构成威胁，最危险的做法就是让 AI 直接解答试题或代替自己写作文。当然，这种会对学生学习带来不良影响的行为并非人工智能技术本身的问题，而是使用者主观意愿的体现。

因此，教师在利用人工智能进行个性化教育的过程中，重要的是培养学生对学习的热情和责任感，让 AI 成为他们学习道路上的有益伙伴，而不是取代自身学习的作弊者。只有这样，AI 才能真正发挥出其在教育领域的巨大潜力。

□ AI 在教育中的挑战与机遇

过度依赖 AI 可能导致学习者的思考能力和解决问题的能力下降。当孩子习惯性地求助 AI 获取答案时，他们可能逐渐失去自主思考的动力。例如，在遇到数学难题时，学生可能会放弃思考，立即转向 AI 解答工具，而非试图独立解决问题。这种情况若持续下去，将阻碍他们培养独立解决问题的能力与克服困难的决心。

因此，AI 技术可以说是一把双刃剑，在为学习带来前所未有的便利的同时，也带来了对孩子个人成长的潜在威胁。虽然我们不应因噎废食，简单采取"禁止"和"限制"的态度对待 AI，这样的做法既不明智也不合理，但不容忽视的事实是，孩子们对信息技术的熟练运用往往超越家长和老师的认知。

在对 484 名五至八年级学生使用 GAI 的调查中，我发现孩子们对新技术充满热情和好奇。超过 77.3% 的受访学生表示在学习过程中使用了 GAI 工具，认为 GAI 在中英文写作、语法指导、研究性学习和解题方法等方面提供了有效的帮助。这反映了 AI 在教育领域的巨大影响力。

因此，面对 AI 技术的迅速发展和广泛应用，我们不应简单采取

"一刀切"的态度，而要以开放、包容和负责任的姿态引导孩子正确使用 AI 工具，让他们在享受科技带来的便利的同时，也能够自主成长，并充分发挥个人潜力。

每个孩子都有自己的特质，这些特质就是家长为孩子搭建成长平台、设计成长路径的"密码"。孩子的成长就是一个不断社会化的过程，我们应以积极的心态指导孩子在家庭、学校和社会中成长，让孩子最终能够在多元的环境中锻炼意志并增强适应能力。

第四章

迈向生活的舞台，
锻炼表达与实践能力

生活中，我们都会遇到站在各种舞台上展示自己的场合。然而，许多人在站上舞台时，却因为缺乏经验和自信而表现得紧张不安。

一位老师曾在学校报告厅的讲台上坦言："我长这么大，还从未面向这么多人讲过话。"一位企业高管，在走进学校"百家讲堂"①为学生做专业讲座时，却在全年级学生面前过于紧张，以至话不成句；在毕业典礼和成人礼的舞台上，也会经常看到主持人拿着话筒忘了使用，或者在其他主持人讲话时，自己还手握话筒放到嘴边；有些人一登上舞台就用手拍打话筒，或者发出"噗噗"的声音来测试话筒……这些都是缺乏舞台经验和锻炼的表现。

舞台展示，对孩子的自信心、心理素质、团队协作、沟通表达以及审美素养等各个方面都具有重要影响。然而，现实中孩子们却很少得到家长和学校关于舞台经验的系统指导。鉴于舞台展示对孩子成长的重要意义，我们应当重视舞台教育，不仅要为孩子们创造更多登台的机会，还要指导他们掌握必要的舞台经验和技巧。

打造舞台：让孩子享受目光与掌声
方法 21

我经常走访不同的学校，能够看到每个学校的硬件设施、校园

---

① 百家讲堂，是我们为拓宽孩子的视野而开设的家校合作课程项目。家，既指家长，又指不同行业的代表。学校邀请不同领域的家长来到学校为孩子做专业讲座，以开拓孩子的视野，激发孩子的职业选择与理想确立。

文化、办学理念甚至校服都展现出教育的多元和差异。然而，在评价学校时，我会将目光投向舞台和课堂中的孩子。

我会观察孩子们在舞台上是否能够完全沉浸在灯光、音乐和肢体演绎的世界中，尽情享受短暂而深刻的舞台时间带来的心灵愉悦。观众的欣赏眼光、热烈的掌声和欢呼声，都是孩子舞台成长莫大的推动力。

每个人在舞台上都有不同的表现。他是紧张地用眼睛逡巡找自己的站位、与同伴对齐，还是微笑着舒展自己、自信地表达自己？他是生硬地完成动作，还是用青春的身姿散发出热情的活力，去点燃观众，掀起情感与欢呼的热浪？是只有"C 位"的同学能够吸引住我们的目光，还是每个参与者都能展示各自的独特风采？

透过这样的观察，我们就能够窥视到一所学校对孩子培养的关注点与教育的深度。

□ 课堂也是舞台

在课堂上，我会留意同学们的专注度和参与度，尤其关注孩子们在讲台上的表达。老师也需要有意识地加强对孩子在讲台上发言的指导。

李烈校长创办的正泽学校就是一个学生与老师都在积极培养学

生课堂展示能力的好例子。在正泽学校访问时，我清楚地看到了这种意识在课堂中的具体体现。比如，第一节课是语文课，课前 2 分钟一名同学在讲台上分享自己的读书。教室讲台区一半是黑板，一半是触摸屏，这位同学就结合触摸屏上放映的 PPT 做了展示分享。展示后，这位同学说："请大家给我评价。"前排最左侧的一名男生站起来提出建议："你站的位置挡住我看 PPT 了，如果你往左一些，或者在右边就好了。"

这是很多人在舞台展示时容易忽略的问题：演员在舞台上的任何表演和表达，最终的指向都是引起现场观众的情感共鸣、交流互动或审美体验。尽管由于教室座位和场地的问题，总有同学看不全屏幕，但演讲者还是要尽量选择最佳的站位，或者经常变换位置，以最大程度地照顾到全班同学。

我接下来观摩的是另一个班的数学课。一位同学上台讲解数学题时，身体也是面对屏幕的。这时，上课的数学老师就轻轻地扶着孩子的肩膀，提示他应侧身朝向同学。

这种提醒也是多数老师容易忽略的。孩子登上讲台时，要同时调动自己的多种舞台经验：厘清讲话思路，调整音量和逻辑表达，还要注重与听众的互动交流；同时背后站着老师，台下还有很多听课的来宾，这些都无形中给孩子造成了心理压力。然而，也正是这些压力，会更有利于孩子增加舞台经验。

□ 丰富孩子的舞台体验

当孩子面临公开演讲或舞台表演时，舞台经验的积累至关重要，而这恰恰是家长和教师需要密切关注并予以悉心指导的领域。具体而言，可以从以下几个方面给予孩子必要的提醒和指导。

1. 熟悉自己的演示文稿

在准备演讲时，演示文稿不要写过多的文字，因为观众是没有时间阅读大段文字的。演示文稿应突出关键词语，并配以恰当的图片。为了让孩子熟悉自己的演示文稿，父母可以作为观众，让孩子提前在家多练几次，这样在演讲时讲完一张幻灯片后，能够知道下一张的内容，就会流畅衔接，挥洒自如。

2. 注意在舞台上的站位

孩子站在教室讲台上演讲时（很多新建校为了便于师生课上交流，不再设置讲台），应避免全程面向屏幕，因为演讲者机械地诵读 PPT 的内容，只会让观众感到乏味。教室的屏幕通常安设在右侧，因此演讲者站在屏幕右侧比较好，既能确保多数观众可以看到屏幕内容，又能兼顾到演讲者本人。

在这样的站位上，演讲者应以身体的约 1/3 面向屏幕，2/3 侧向观众，这样既能保证演讲者能看到屏幕上的内容，又能让观众感受到更多的互动与关注。

而在剧场舞台上，找准站位同样至关重要。对于单人演讲或独唱表演，最佳位置通常是舞台中央，表演者可以预先在舞台地面标记出理想站位点。值得注意的是，依赖观众席或其他视觉参考物来确定位置的方式并不总是可行，因为在正式演出时，明亮的舞台灯光与昏暗的观众席形成鲜明对比，表演者往往无法直接看清观众的具体位置。

此外，如果是担任中场报幕的主持人，通常会选择站在舞台两侧进行播报。对于那些需要承担演出任务的孩子来说，除了熟悉自身的表演部分，还需要特别关注不同节目间的过渡与幕后工作的衔接，确保演出流程顺畅自然。

3. 话筒的使用礼仪

表演者或主持人手持话筒上台前，要先打开话筒开关，下台后要立即关闭开关。如果是头戴式耳麦，主持人戴上后，即便在后台也需注意不要随意说话，避免声音误传。

在使用话筒讲话时，不要拍打或吹话筒试音，只要确保把话筒开关打开就可以了。

考虑到卫生，不要将话筒贴近嘴巴，也不要直接对准嘴巴，否则会导致喷麦或破音。将话筒离嘴巴约 10 厘米处，并保持 45° 倾斜比较合适。

握住话筒的位置不应太高或太低。此外男女生握持话筒的姿态也有所不同：男孩子手持话筒下端，显得自信、庄重、大气；女孩子则握住话筒中部，显得矜持而柔美。

"会当凌绝顶，一览众山小"，上过舞台的孩子会更加自信。他们需要克服内心深处的恐惧与自我质疑，在聚光灯下展现真我，让个性得以充分释放。这一过程将助力他们逐渐建立起直面观众、从容不迫的稳健心态。

□ 艺术的价值

谈到舞台，必然涉及艺术。根据《义务教育艺术课程标准（2022年版）》的定义，义务教育艺术课程包括音乐、美术、舞蹈、戏剧（含戏曲）、影视（含数字媒体艺术）等。艺术对孩子的人格魅力、审美素养以及情操陶冶具有深远的影响。

以合唱为例，它涉及音高、音准、节奏等多方面的问题。因为每个孩子的音准各异，需要老师逐一指导，才能让合唱达到最佳效果，从而提高孩子们的音乐鉴赏能力和艺术表现力。通过合唱，可以培养孩子们的专注力、记忆力和合作精神。合唱强调的是和谐，所以孩子们不仅需要听别人的声音，还要倾听自己的声音，以实现声部间的协调一致，音色的融合和柔美。合唱中，孩子们得以练习挺拔的站姿、正确的呼吸、微笑的表情、中外经典名曲的吟唱，这些都会让孩子在享受愉悦感和成就感的同时，形成良好的艺术气质，增强自信心和进取心。

教育部为此特别部署"美育浸润行动"，要求在义务教育阶段，学校积极提供多样化、个性化的艺术选修课程和课后服务，帮助学生通过在校学习掌握 1 ~ 2 项艺术专项特长，满足学生兴趣特长发展需要。这一举措旨在关注学生的全面发展，让他们至少掌握一项艺术、体育特长，帮助他们调节身心、交友互动。

美育教育，需要引起家长和学校同等的关注与重视。

家长和教师应积极鼓励孩子参与各类舞台活动，比如学校的话剧表演、音乐会或社区的艺术节等，让孩子有机会亲身体验站在舞台中央的感受。这种实践能让他们更深刻地理解舞台艺术的魅力，从而深化对艺术的理解与热爱，并在实践中锻炼勇气和自信。针对孩子的每一次登台演出，家长和教师应及时给予正面的具体反馈，既肯定其表现的优点，也耐心指出有待提升之处，帮助他们在成功与挫折中成长。

学校还要努力为学生提供丰富的艺术选修课与社团，鼓励学生尝试不同的艺术门类。家长也要尊重并发掘孩子的个性特长，让孩子在适合自己的艺术领域内自由探索，切勿盲目跟风或把自己的意愿强加给孩子。就像画家陈丹青在谈到少儿艺术教育时所提醒的："不要太把孩子当一个孩子。他是他自己，他有他的才能，他有他的爱好，可是你一时看不出来。家长最要紧的是冷眼观察孩子，然后带着孩子走向他感兴趣的地方，而不要强行带他去他讨厌的地方或者没感觉的地方。在培养孩子的艺术时，家长第一要克服的是自己的'家长欲'。"

同时，家长应耐心陪伴孩子进行日常练习，对他们的进步给予肯定和建设性的反馈。

家长和教师还要注意培养孩子独立应对舞台压力的能力，通过分享自己的经验或借助专业训练，教导孩子如何调整呼吸、控制情绪，以平稳的心态去面对舞台上的各种突发情况。此外，为孩子创造丰富的艺术熏陶环境，比如观看高质量的舞台剧目、聆听专业的艺术讲座等，都是提高孩子艺术素养和舞台表现力的重要途径。家长还应引导孩子理解和欣赏舞台背后的艺术价值，培养孩子良好的艺术审美观。只有当孩子从心底热爱舞台，才能在舞台上真正绽放光彩，展现独一无二的个性魅力。

总之，家长和教师在孩子艺术成长道路上的角色，不仅是陪伴者，更是启蒙者、支持者和引路人，通过对孩子进行悉心指导和精神激励，助力他们在艺术的舞台上塑造自我，实现心灵与才艺的共同升华。

提升演讲技能：在舞台上表达个人思想

方法 22

演讲技能是一种极其关键的能力，它能让孩子更好地提炼思维、

阐述个人观点，不仅有助于增强孩子的沟通交流能力，更能深层次
地培植其自信心与领导潜力。为此，我们需要对孩子进行系统的演
讲技能培训，让他们能够在舞台上充满自信地表述见解，进而点燃
内心对于演讲的激情与热忱。

□ 国旗下的演讲

在世界加速融合、国际交流日益频繁的当今时代，每个人一生
都要多次面对考官、客户乃至竞争对手发表演讲，陈述观点，表达
自我。因此，学校和家长要合力给孩子创造更多的演讲机会，培养
他们的演讲才能。

为此，我们学校设置了每周一次的"国旗下的演讲"活动，来
取代传统的"国旗下的讲话"活动。这一点小小的改动，包含了我
们的如下思考。

1. 表达自我

把"讲话"改为"演讲"，让孩子更加明确这一活动的目的是展
示自己对某个问题的思考与看法。相较于"讲话"，"演讲"更倾向
于表达自己。

2. 全员理念

"国旗下的讲话"通常是每周的升旗仪式上仅有一名同学发言，这意味着在一个学期里，多数学校只有二十名左右的学生能够有幸登台讲话。为了践行"面向全体"这一教育原则，确保每个孩子都能拥有公开表达的机会，我校特地策划了两项举措：

首先，在小学阶段设立国旗下的全班（中队）演讲展示活动，并特意安装了阶梯式合唱台，确保每个孩子在台上时既能清楚地看到台下的观众，也能让全体师生充分目睹每个孩子的风采。如此一来，每学期每位孩子都会获得至少一次站在舞台上展现自我风采的机会。

其次，针对不同年龄段的学生群体，我们设计了分层次的活动安排：对于小学中低年级学生，开展全员参与的故事讲述活动；而对于小学高年级及中学阶段的学生，则举办全员参与的演讲比赛。在组织流程上，首先在各班级内部开展全员初赛，进而选拔优秀者进入年级或全校范围内的决赛。这样的设计旨在全面激发各个年龄段学生的表达能力和自信，实现教育公平和全面发展。

3. 脱稿演讲

我们还要求国旗下的演讲做到脱稿表达。不过，我们允许学生携带手卡上台，但不能完全依赖手卡，手卡只能在关键时刻起到提示作用。

演讲开场要直入主题，避免浪费时间或分散观众注意力。一般情况下，主持人会介绍演讲者的班级、姓名和演讲主题，但不少同学上台后还是会先重复这同样的信息："大家好！我是九年级三班的某某某，今天我演讲的题目是……"

TED 大会组织者和演讲教练杰瑞米·多诺万提到最引人入胜的三种开场方式是：有针对性的故事、震撼人心的事实和具有影响力的问题。比如，一位生命科学专家演讲的开场是："为什么每天都有 320 位与你一样的美国人因为自己食用的东西而与世界告别？"这样的设问与每个人息息相关，就很好地激起了观众想要听下去的欲望。

活动现场一般会配有大屏幕，演讲者可以精心制作一份配合演讲内容的 PPT 演示文稿，通过巧妙融合画面、文字与图形元素，使之与讲述内容相互补充、相映生辉，从而有效提升整体演讲效果。

4. 有画面感

在演讲中设计具有直观画面感的内容，是引起观众共鸣的好方法。以北京大学开学典礼中本科生新生代表陈浩伟为例，作为"云南沧源的一名土生土长的佤族人"，他在演讲中生动地描绘了家乡的景象：

> 我想重新得到林木的怀抱、溪水的轻抚。在安东山脚下，斜倚着半抹斜阳，哼着"月亮升起来"，直到月亮真的升起来。

这种如诗如画的描绘很有代入感，让每位观众仿佛身临其境，从而更饶有兴趣地关注到后续的演讲内容。

5. 丰富句式

演讲者应当善于运用不同类型的句式，以增强演讲的感染力，并营造出热烈的气氛。

长句和短句要结合运用。长句能够传达丰富的内涵，而短句则简洁有力，体现演讲者的坚定、自信和力量。

要善于运用排比句式，制造出排山倒海般的磅礴气势。同时，利用反复的手法，增强听众的情感共鸣。

6. 设计互动

作为校长，我对开学典礼、全校联欢等大型活动有一个基本的要求，即要有互动性。不能让台下的观众只是静静地观看，而应当让他们也积极参与其中。

> **✐ 小知识**
>
> 在准备好演讲稿后，我们需要指导孩子反复诵读、演练，直至能够流畅自如地表达。在演讲过程中，尤其要注意与观众之间的眼神交流，确保左侧、中央、右侧以及前后的观众都能感受到互动。

手势应当自然，不要过于夸张或过于刻意。演讲时手的活动分为四个区间（见表 4-1）。

表 4-1　演讲时手的活动区间

活动区名	区间位置	手 势 要 点
爆炸区	头顶以上	一般人演讲时驾驭不了，轻易不用
超能区	肩与头顶之间	宣泄充沛的情感，表达强有力的观点
高能区	腰带与肩之间	手势最佳活动区，根据内容自然动作
无效区	腰带以下	手在这个区间要自然下垂，保持不动

腰带以下的区间叫"无效区"，手在这个区间要自然下垂，不要动，在此区间的手势显得胆怯、无力。

手如果要动，就要进入腰带与肩之间的"高能区"。在这个区间的手势舒服自然，效果最佳。

肩与头顶之间的区间叫"超能区"，如果有充沛的情感需要宣泄、有强有力的观点需要表达，可以使用这一区间。

头顶向上的区间是"爆炸区"。我们有时会看到有的孩子在演讲结束时双臂上扬，明显感觉不自然。这个空间通常被领导人用于宏大历史背景下的演讲，用来彰显坚定信念和强大决心。但对于孩子而言，由于其所承载的情感与思想深度尚不足以与此类动作相匹配，故不宜采用这一区间。

总之，家长应鼓励并协助孩子在全班同学或全校师生面前至少进行一次公开演讲或专题报告，借此机会发表个人观点。这对于每一个孩子的自信心建立和口头表达能力的提升，会起到重要的锻炼作用。

方法23　家长的助力：为孩子争取更多展示机会

每个家长当然都期望自己的孩子能够在舞台上或他人面前自信大方地展示自己，但有时候，无论我们怎么要求、鼓励和诱惑，孩子就是躲在后边，不愿意上台展示和表达。这往往让家长感觉很失面子，甚至对孩子横加指责、批评，导致孩子更回避社交场合，缩回自己的安全区。

其实，每个人在面对众人讲话或演讲时，都会感到紧张与焦虑。要使自己能够在众目睽睽之下从容自若地演讲，大多数人需要通过刻意练习来改变焦虑心态。自信的前提是内心足够强大，而舞台上的展示者内心的强大，则来源于对要演讲的内容很娴熟，对要表演的舞蹈很自如，对要展示项目的流程了然于胸。为了达到这种状态，几十遍、上百遍的练习毫不为过，这个练习的过程也能让孩子真正得到"台上三分钟，台下十年功"的切身感受。

家长可以从以下几个方面助力孩子走上舞台。

1. 关注信息

孩子如果对学校各种上台演讲的机会缺乏兴趣与信心，就容易忽略相关信息。家长应该向孩子明确说明上台对个人成长的积极意义，鼓励孩子勇于参加相关活动。同时，家长可以主动关注学校和班级、年级发布的相关活动信息，与孩子一起分析其自身特点，有选择性地报名参与。一旦选择，家长就要和孩子一起积极准备，全力以赴，让孩子通过参与展示和受到关注来培养信心，适应舞台展示。

以学校主持人选拔为例。我初到学校，听到学生主持人在播音室读升旗仪式主持词，声音的专业程度都可以跟电视台主持人媲美了。我对她说，你都是金牌主持人了，以后负责主持开学典礼、全校联欢等大型活动，升旗仪式这种日常的主持活动就让给其他同学主持，把节省下来的时间用在发展其他兴趣上。

我接着要求团委改变"主持人由老师推荐或指派"的传统模式，成立主持人社团，向全体学生招募主持人。任何同学都可以按照规则报名参加，准备自我介绍、朗读一篇文章或准备一个演讲，考核通过后就可以加入主持人社团。这一教育策略背后隐含的教育思考是：

- 孩子是否敢于挑战自己，去发掘自己的潜能？
- 孩子是否愿意站在舞台的中心，培养自己的成长型思维模式？

- 让孩子明白机会是需要自己去争取的，既要积蓄力量，等待时机，也要能在机会来临时，勇敢地克服犹豫和恐惧，全力以赴。

我校团委据此成立了"主持人天团"社团，发布招募信息，一大批同学进入社团。同时，聘请专业人员担任指导教师，帮助小主持人们在升旗仪式、学科活动、年级会议、家长会等活动中展示前所未有的风采，实现了舞台成长。

家长要与孩子共同关注学校主持人招募、社团招新、演讲比赛、戏剧演出、活动策划等信息，纳入孩子成长的路径设计。

2. 模拟练习

孩子在正式上台前，一定要有反复练习与模拟的环节。如果可能的话，要提前到现场走场，查看舞台布局，确定站位。家长可以扮演观众和主持人的角色，而孩子则手持话筒（可以是手电筒、卷起的书等），从走台开始。这个练习看似简单，但也有几点需要注意。

① **提前候场**。孩子应在遵循节目单或预定出场顺序的前提下，提前至少一个节目时段到达舞台侧翼或后台做好候场准备，并确保话筒已经调试完毕。

② **衔接紧凑**。根据从候场区到舞台指定站位的实际距离，应在

主持人报幕后迅速判断并把握最佳上场时机，确保衔接过程紧凑而不失自然流畅。

③ **自信登台**。孩子在走上舞台时，应以昂首挺胸的姿态，侧脸面向观众席，与观众保持眼神交流，面带微笑。步伐稳健有力，径直走向讲台或舞台中央，展现出自信风采。

④ **鞠躬致意**。站定后应首先行规范的鞠躬礼。确保站立稳定后再行鞠躬，以免给人仓促之感。若有讲台，应向讲台中心位置侧跨出一步，之后双手交叠放在腹部位置，然后施以 90° 深鞠躬，以此表达尊重与庄重之情。

⑤ **开场问候**。开场的第一句话，特别是对观众的问候部分，建议孩子能够脱稿表达。我发现不少孩子在担任主持或进行演讲时，往往从第一句话就开始紧盯着稿件或提示卡，这样容易显得过分紧张。

⑥ **相互配合**。如果是两位主持人同时主持，一位在讲话时，另一位主持人也需要留意自己的表现。拿话筒的手应自然下垂或轻搭在另一只手上，微笑着注视观众，偶尔与搭档主持人通过眼神或点头进行互动。

3. 暗示的力量

对于孩子舞台成长的过程，家长不仅要为孩子提供物质和情感的支持，还要引导孩子通过改变对自我的认知，去发现自己的另一种可能。

要挖掘孩子的潜力，首先需要为他们的内心注入强大的自信。美国心理学家班杜拉提出的"自我效能理论"就强调了信念的力量。他认为，每个人对自己能否完成一件事情都有主观的评估。如果认为自己有能力做成这件事，就会有两个预期：

① **结果预期**。相信自己，认为自己可以做到，也就是内心强烈的成功信念："我能行！我是最棒的！"

② **效能预测**。我能做到不是因为运气好，而是因为我自身的能力。因此，我要施展自己的能力，为即将到来的结果做充分的准备。

因此，家长需要培养孩子形成这样的认知：成功源于不懈的努力和充分的准备，而非单纯的偶然机遇。

反之，如果孩子不能给自己积极的心理暗示，认为自己做不成事情，结果就会真的以失败和沮丧告终。

走向舞台对孩子来说是一个不小的挑战，我们要给孩子积极的心理暗示，协助孩子在舞台上展示自我、绽放精彩，以舞台上培养的积极心态应对现实世界的挑战，活出属于他们自己独特的生命价值！

舞台失误应对：突发状况应变
方法 24

舞台艺术对孩子人格的塑造发挥着不可替代的作用，它既是对孩子技能的一种检验，更是对他们心态和应变能力的锤炼。在舞台表演过程中，随时可能发生突发状况，这就要求孩子具备足够的智慧与应变能力，以恰当的方式处理各类问题。

身为教育者的家长和教师们，应负的责任不只是教导孩子如何有效应对舞台失误，更要深谙每次危机处理的过程，都潜藏着对孩子成长的推动作用，教育者要善于把每一次应对突发情况的经历，转化为孩子人格成长和能力提升的宝贵教育资源。

□ 忘记台词的教育启示

你们有没有忘记台词的经历？

有时候，作为校长必须"忘记台词"。

有一次在小学部的升旗仪式上，某中队全体同学正在进行国旗下展示。当轮到一位男生发言时，他手持话筒，刚开口说几句，就卡住了——忘记台词了。虽然只有短短的几秒，但对他而言也许是成长路上最尴尬、最漫长的时刻。

随后，全场响起掌声。

这一幕我们或许并不陌生：此时，掌声似乎是观众宽容鼓励的表达方式。然而，掌声并未帮助演讲者：他仍未想起台词，只能无奈地将话筒递给下一位同学。他内心的沮丧、羞愧也不是掌声能够抚慰的——自己在全校师生面前出丑、掉链子，回到班级后该如何面对同学？老师会如何看待自己？

孩子们走下舞台后，我走到该班级的队伍前，对全班孩子说："五（3）班非常棒！你们的展示很有创意，我们每个人都深受感动和触动！我跟你们合张影。"孩子们欢呼雀跃。

接着，我走到忘词的男孩面前，轻轻地扶住他的肩膀。看着他躲闪的眼睛，我弯下腰对他轻声说："没有关系，忘词很正常，我也在台上忘过台词。"孩子的眼睛亮了起来，惊讶地望着我。我微笑地点点头："是的。很多人在演讲时都会忘词。下一次，我们可以在家、在台上多演练几次，达到不需要思考就能脱口而出的程度。"男孩用力点点头。

这个时候，我必须"曾忘记台词"，这是与孩子的共情。此时，只有这种共同的经历，才可以让孩子释然——"哇！校长也忘过台词啊！看来，忘台词也没什么大不了的。"其他安慰、劝解的语言，都不如这句善意的谎言更有效。

🖉小链接

校长应有洞悉力。无论是校长还是家长，都需要具备教育的敏感度和应变能力。这里插入另一个舞台故事，说明一下教育工作者保持教育敏感度的问题。

一名初二女生因家庭问题而郁郁寡欢，甚至一度产生了不良念头和行为。尽管班主任和学生成长中心的教师们都在积极关注她的情绪并试图干预，但收效甚微。直到有一次升旗仪式，她被安排做演讲。她的声音清晰而响亮，表现出了难得的自信。我立刻意识到，这是给她助力的宝贵机会，因为面向全校师生的演讲机会并不多，每个人都渴望得到认可。

如果我们能够看到每个孩子的每一次努力，并给予积极反馈，那么他们就会获得巨大的成长动力，潜能也会得到持续激发。

她的演讲结束后，我走上前去找她。我对她说："你的演讲真是太有感染力了，简直有央视主持人的风范。我期待着多年后在电视台上看到你的身影。"她惊喜地看着我。我从她明亮清澈的眼神中感受到，一颗关于自我认知和未来希望的种子已经在她内心悄然生根。

□ 舞台失误的应急策略

每次年级期中家长会前，我都要求本年级的孩子为家长们表演节目。这样设计的目的是多多增加孩子们上舞台表演的机会，让家长们看到孩子在校生活的多面性。面对自己的父母，孩子们在台上演出的自豪感是无可替代的。同样，家长们看到孩子的精彩表现，内心的激动也是难以言表的，回家一定会表扬孩子，与孩子有了更多的交流话题。这样的表演，不仅增进了家校沟通，也加深了家长对学校工作的认可和支持。

　　有次家长会准备的节目是舞蹈表演，女孩子们身着华美的舞蹈服饰逐一登场，手中拿着粉色折扇。孩子们在灯光、音乐和大屏幕美轮美奂的视频背景下翩翩起舞——为了提升表演的艺术效果，这次演出使用了大屏幕的视频元素，使之与舞蹈动作相得益彰。

　　然而，节目刚开始不久，一个女孩的扇子不慎掉落在地。全场的目光瞬间集中在了这个小舞者身上。她会如何应对？这个情况不在彩排中，完全要看孩子的临场应急处置能力。

　　按照本能，她应该立即弯腰去捡起扇子，因为整个舞蹈的动作都是围绕扇子设计的。但如果这样做，就会破坏舞蹈的整体美感，影响队形和音乐节奏。

　　在这个关键时刻，女孩展现了惊人的镇定。她没有去捡扇子，而是继续舞蹈，就好像手中依然握着扇子一样，完美地完成了所有动作。直到舞蹈结束，她才优雅地捡起扇子，与同伴们一起向观众致意并退场。

　　主持人随后邀请我上台做学校和家庭教育讲座。我在演讲开始之前，首先提到了刚才那位女孩的表现——这依然体现了作为一名教育者对每个孩子成长的关注和对教育契机的把握。

　　我对家长和教师们说："刚才这位掉了扇子的同学现场应急处理做得非常好，展示了较高的心理素质。她用自己的镇定保证了整个团队演出的顺利。"表扬孩子，不要泛泛地说"表现很棒""非常好"，而是要点明好在哪个方面，以强化孩子对自己行为或努力点的准确认知。

我继续说："请班主任和家长今天一定要把我的表扬转达给孩子。这对孩子的成长至关重要。"当孩子成长中最亲近的人——家长和教师都去向孩子反馈表扬时，这种正面的肯定将是对孩子的双重鼓励和支持。

家长会结束后，我从报告厅向教学楼走去时，看到一位父亲穿越操场朝我跑过来。我猜他是掉扇子女孩的爸爸。果然，他跑到我面前说："校长，我就是刚才那个掉扇子女孩的爸爸。太谢谢您了！您刚才的表扬太及时了，否则，以我对孩子的了解，她今天回家一定会很难过——在这么多人面前掉了扇子，影响了表演的效果。我当时比她都着急，恨不得上前帮她把扇子捡起来。"

我回答道："这次经历对孩子来说也是一种意外的成长。虽然这并不是计划中的一部分，但它会给孩子留下深刻的印象，促使她反思自己、增加经验。处理突发情况不仅体现在舞台上，而且也贯穿于我们的学习、生活以及工作中。这需要我们在短时间内全面考虑各种因素和利弊，抓住核心问题，并迅速做出反应。这些都是锻炼我们综合素质的重要内容，也是孩子成长中不可或缺的部分。"

家长深有感触地说："是啊，我们总希望为孩子遮风挡雨，让他们的成长一帆风顺。但终究，孩子需要独立面对生活的各种挑战。我们应该让孩子体验真实的生活。"

我接着说："更进一步，除了应对突发事件和意外情况，我们在教学活动中，还可以运用一种教育策略——有效失败。"

"有效失败是什么意思？"家长好奇地询问。

"这是由心理学家卡普尔教授提出的概念。运动员、士兵在训练中常常面临挑战和失败，而非轻易取得成功，但正是通过失败后的分析和战术调整，他们才能够迅速提高自己的技能和适应力。孩子的学习也是如此，如果每天的学习都没有挑战和失败，虽然看似顺利，但孩子的成长效果却不会显著。持有传统教学观念的教师在教学设计中，总会给孩子搭好解题的支架，尽可能避免孩子迷失方向或遭遇失败，因为他们认为失败会影响孩子的学习效果。这就是固定型思维模式。相比之下，持有成长型思维的教师会先让孩子尝试解决超出他们能力范围的问题，找到他们的'最近发展区'①。他们会让孩子独立思考、与同伴讨论、进行小组协作，最终再由教师给予指导和建议。在经历多角度尝试、多路径探索、多次失败后，孩子对问题的理解会更加深刻，思路也会更加开阔。"

我最后总结道："无论是面对突发事件的应急处理，还是体验失败的过程，都是塑造孩子发展成长型思维的重要环节。它们能让孩子保持创新的能力和勇于尝试的态度，成为终身学习者。"

---

① 心理学家维果斯基提出的理论。该理论认为学生的发展有两种水平：一种是现有水平，即学生在活动中能够达到的解决问题的水平；另一种是学生通过学习与激发潜能后达到的新的发展水平。两种水平之间的差异就是最近发展区。

□ 培养孩子的舞台经验

为了降低孩子在舞台表演中出现失误的可能性，家长与教师需要从根本上加强对孩子的针对性指导与系统训练，稳步提升他们的舞台实践经验。同时，家长和教师还需要一同回顾和分析孩子在应对舞台突发状况时的实际案例。通过情境模拟和复盘讨论，逐渐培养孩子形成积极的、面向成长的解决问题的思维模式，使其在面对类似情况时能迅速做出正确判断并有效应对。

1. 基础技能训练。鼓励孩子多途径、多方式熟记台词，例如通过故事情境记忆、关键词串联法等，同时强化基本表演技能训练，使孩子即使在忘记台词时也能依托肢体语言和情感表达继续表演。

2. 即兴表演能力培养。通过参加即兴戏剧活动，可以锻炼孩子在面对未知情况时保持冷静、迅速做出反应的能力，提高他们的创新思维和适应性。

3. 正视失误，积极应对。引导孩子建立正确的失误观，认识到失误是每个人成长过程中的常态，重要的是如何从中吸取教训，采取行动改正，并转化为提升自我的动力。

4. 加强心理建设。关注孩子心理素质的培养，教会他们在面临压力和挑战时，能够稳定情绪、保持自信，从容应对舞台上的各种变化。

方法 25　社交能力：让孩子在社交场合中表现自如

社交能力是孩子人格全面发展的重要组成部分，良好的社交能力不仅能帮助孩子建立和谐的人际关系，还能促进其情绪控制、同理心和领导力的发展。

□ 生活，是一场没有彩排的表演

在聚会上，家长常会要求孩子说祝酒词。对孩子来说，这个压力着实不小。喧闹的气氛安静下来，众人的目光立刻聚焦到孩子身上，此时的生活就转换为孩子的另一个舞台——同样有目光聚焦，同样需要表达自我。但这比聚光灯下的舞台还要难一些：没有彩排，没有灯光与音乐，孩子还需留意场合、氛围、时间、在座人群的年龄和身份，用简短语言得体地表达祝愿。

这种即兴发挥的挑战，不亚于即席做一篇小作文——都是在限定条件下完成高质量的表达。此处不妨看一下 2020 年北京高考语文微作文，是不是异曲同工？

学校举办"生活技能大赛"，同学们可展示烹饪、插花、做手工、修器具等技能。请你介绍一项自己擅长的生活技能。要求：语言简明，条理清楚。150 字左右。

生活中，每个人都在扮演自己的人生角色，只是这个角色没有导演设定，没有台词与预演，每一幕都需要自己即兴发挥。随着年龄与阅历的增长，每个人都应该学会用得体的言谈举止，自信地演绎属于自己的生活篇章。

关于教育与生活的关系，教育家有深刻的阐述。英国哲学家、教育家怀特海在《教育的目的》中提到："对教育而言，唯有一个主题——那就是丰富多彩的生活。"杜威认为，教育不是为生活做准备，教育就是生活本身。而杜威的学生陶行知则发展了这一观点，提出了"生活即教育，社会即学校"的教育观念。

因此，我们要在生活中培养孩子的社交能力。但显然，家庭教育和学校教育有个共同的问题：过于理想化，面对现实的课程和教育太少。现实社会是复杂和残酷的，如果我们的教育脱离现实生活太远，孩子们在生活中碰壁后能否承受得住打击就是大问题。

□ 在生活中培养孩子的社交能力

培养孩子的社交能力是一个涉及生活多个方面的综合过程，它需要家庭和学校共同努力。通过日常生活的细节，家长和教师可以帮助孩子建立起积极的人际交往模式，为他们未来的成长奠定坚实的社交基础。

家庭是孩子学习社交的第一个课堂。在温馨的家庭氛围中，父母可以通过日常互动教会孩子如何表达感受，如何倾听他人以及分享自己的经历和观点。例如，在一家人共进晚餐时，父母就可以鼓励孩子讲述他在学校的经历，并耐心聆听孩子的讲述，这不仅能增进亲子关系，还能潜移默化地培养孩子的表达能力和倾听习惯。父母还可以通过分配家务，如让孩子轮流负责洗碗或整理床铺，培养他们的责任感和合作精神。

游戏是孩子认识世界的途径，也是培养孩子社交能力的绝佳途径。组织一些需要团队合作的游戏，比如拼图、接力跑或角色扮演游戏，让孩子在实践中学会分工协作、沟通交流和解决冲突的技巧。在游戏中，孩子们会自然地模仿成人的社交行为，从而逐步建立起自己的社交规则和策略。

学校是孩子社交技能成长的沃土。教师可以通过小组活动和课堂讨论，鼓励孩子们积极参与，发表自己的见解，并尊重他人的意见。此外，学校举办的各类社团活动和集体出游，也为孩子提供了与不同背景的同学交流的机会，有助于拓宽他们的社交圈，增强其适应多元文化的能力。

社区环境也是培养孩子社交能力的重要场所。参与社区服务或邻里聚会，可以让孩子学会如何在更广阔的社会环境中与人交往。比如帮助社区清洁公园，参与慈善义卖等活动，这些经历不仅丰富了孩子的社会实践经验，也培养了他们的同情心和服务意识。

信息技术的发展提供了新的社交平台。利用网络和多媒体工具，孩子可以与世界各地的人进行交流。然而，这也要求我们在指导孩子使用科技的同时，教会他们如何安全地使用网络资源，识别和屏蔽网络中的不良信息，以及保持适当的网络礼仪。

父母和教师的言行举止对孩子的影响不言而喻。通过自身的示范，我们可以向孩子展示如何礼貌待人、如何处理冲突、如何维护友谊等社交技巧。我们给孩子的一个拥抱、一句鼓励的话、一次共同解决问题的过程，都能成为孩子学习的范例。

□ 提供社交机会与环境

《现代教育报》编辑曾约我解答家长提出的两个问题：

1. 我的孩子胆子特别小，不爱表现怎么办？
2. 我的孩子很自卑，怎样帮助他增强自信心？

这两个问题都是孩子生活中体现的成长问题。孩子在人前胆怯、不爱表现，是因为在与他人交往的过程中，内心缺少了来自他人的肯定与鼓励。孩子是在真实的生活环境中成长的，每一次参加社交活动，都可以助力孩子增强自信及自我认知，而这些都是家长对孩子进行教育的契机。我举两个场景的例子。

场景一：参加聚会

很多家长有了孩子后，就逐渐放弃了自己的社交活动，尤其是在周末和假期，活动安排几乎都围绕着孩子的社交圈子展开。其实，家长大可不必这样。

如果家长积极参与各类社交聚会，结识来自不同行业的朋友、领导乃至客户，并让孩子一起参与，便能为孩子提供与不同类型的人交往的实战机会。在这个过程中，孩子们得以拓宽眼界，开阔思维。亲友聚会轻松愉快的氛围恰好是孩子锻炼自我表达、提升自信心的良好平台。尽管最初几次发言，孩子可能会感到紧张和羞涩，但随着经验的不断积累，他们会逐渐摆脱胆怯，变得更加自信，并能自然流畅地表达自我。

实际上，当大人们谈论社会、经济、文化、国际事务，以及人生话题时，孩子也在有意无意地倾听。这种交流过程既让孩子慢慢了解和触及真实的社会和生活，也潜移默化地塑造着孩子的个性和价值观。比如，我在和朋友谈到自己对某件事情的反应时，说自己并没有生气，而是如何理性地进行处置，在从聚会回家的路上，笑鸿对我说："爸爸，这件事你都没有生气，下次同学对我这样的时候，我也不生气。"

场景二：展示自我

在家长单位年会或集体外出游玩等公共社交场合中，若有机会，家长可适时鼓励孩子展现才艺，如演奏乐器、表演舞蹈、朗诵诗歌、展示武术等。当然，在此之前要确保做好充分的准备。可以请专业的老师对孩子进行指导、训练以及模拟演练等，确保孩子在台上能自信地呈现最佳状态。充足的准备，能让孩子乐于登上舞台表现自我。

当孩子凭借扎实的功底和自信的表现赢得观众的掌声与赞美时，将会极大地增强他们的自信心，并进一步激发其内在潜能，形成积极向上的成长动力，推动他们步入自我提升的良性循环。

培养孩子的社交能力，不仅是为了让他们掌握基本的人际交往礼仪和技巧，更是为了引导他们在多元化的社交环境中建立自信、发展智慧、增强适应能力以及提升解决问题的能力。这时，家长和教师的角色尤为重要，我们需要在生活中、学校中和社会中创造适宜的环境和机会，让孩子参与并体验社交互动，从实践中学习和成长。

课堂实践：让孩子在互动中学习与成长

方法 26

在学校教育这个平台上，学生不仅能学习知识，更能在此过程中锤炼思维、开展团队合作、进行实验操作、发表个人观点、体验成败得失，进而塑造自己的品格、气质和内在素养。

营造一种包容开放、鼓励探索、勇担风险的课堂文化，构建一个能让所有孩子都享受到优质学习体验的集体环境，这是卓越的教师不懈追求的教育理想。

课堂上，每一个孩子都应当以积极进取的态度和科学有效的学习方法融入课堂文化中，借助与同学们的互动交流和思想碰撞，达成个人素质的全面提升。如果缺乏与同龄人的有效交流，无论是在心理健康层面还是在思维能力层面，都将严重影响孩子的社会化成长。因此，我反对家长单纯依赖财力投入，让孩子脱离常规课堂，选择居家或到培训机构接受一对一全科学习。

家长将孩子的成长寄希望于金钱的力量，而忽视了孩子日常中循序渐进的习惯养成、思维训练及系统知识积累的重要性，这是当前一些家庭不切实际的教育幻想。真正的教育，不是用金钱堆砌出来的，而是在日复一日的课堂实践中逐渐积累而成的。因此，家长应当引导孩子主动参与课堂活动，高效利用课堂时间，通过课堂学习实现自信与能力的双重飞跃。以下几点是家长需要督促孩子在课堂学习中关注并努力的方向。

□ 主动参与讨论

关注孩子在课堂上的表现，首要任务便是鼓励他们积极参与课堂讨论。教室不同于剧院舞台，有主角与配角之分，教室内有多少个同学，就应该有多少个学习的主角。但可惜的是，长期的不自信和不善表达，让一些孩子在课堂上甘愿成为配角，默默无闻，不参与讨论，只是安静地坐着，眼中充满了局外人的不安与惶恐。这样的孩子，需要家长、教师和同学的鼓励，帮助他们找到成功的体验，激发他们参与的勇气。

1.培养预习习惯。鼓励孩子在课前预习教材，了解即将讨论的话题，准备好相关问题和想法，以便在课堂上有话可说，有疑可问。

2.激发兴趣与好奇心。通过与孩子一起探讨课堂话题，家长可以寻找与孩子兴趣相结合的实际案例，引发孩子对讨论内容的好奇心和探索欲望。

3.模拟对话与角色扮演。家长还可以在家中模拟课堂讨论的情景，让孩子练习表达自己的观点，并倾听和回应别人的意见，提高他们的口头表达能力和批判性思维。

4.肯定与鼓励。在家中，家长应对孩子提出的观点给予肯定和积极的反馈，增强孩子的自信，使其敢于在课堂上发言。

5.设置目标与期待。家长还可以和孩子共同设立课堂参与目标，如每周至少主动发言一次或提出一个有深度的问题。然后跟进完成情况，给予孩子适当的鼓励和支持。

6. 培养团队精神与合作意识。通过组织小型的家庭讨论小组，可以让孩子体验合作解决问题的乐趣，学会倾听和尊重他人的观点，培养合作讨论的习惯。

7. 反馈与改进。家庭小组讨论结束后，家长还应与孩子一起回顾他们在课堂讨论中的表现，分析哪些地方做得好，哪些地方可以改进，从而不断提升其课堂参与技巧。

8. 家长与教师的沟通配合。定期与教师沟通可以让家长了解孩子在课堂上的表现，也可以请求教师在课堂上给孩子提供更多的发言机会，同时将家长在家里的教育策略告知教师，以便双方协同一致地推进孩子的课堂参与度。

9. 提供工具与资源。如果孩子因害怕错误或担心他人的看法而不愿发言，家长可以提供情绪管理和公开演讲技巧的相关书籍、视频教程等资源，帮助他们克服恐惧心理。

10. 树立榜样。家长自身要表现出善于沟通和乐于分享的精神，让孩子从小在积极的社交氛围中耳濡目染，他们自然就会模仿成人如何有效地参与讨论。

☐ 发言音量适中

老师在课堂上常常会根据不同的交流情境调整对学生音量的要

求，例如在个别同学发言时，会提示"请大声一点"，而在组织小组讨论时，则会指导大家"小声地讨论"，这就是在潜移默化中教导孩子如何恰当地控制讲话的音量。在进行三人交谈时，交谈者应该使用既不会过大也不会过小，刚好能让彼此清晰地听见的音量；而在课堂发言时，为了让全班同学都能听清，发言者则需提高音量。

每个孩子都需要学会掌控适合不同环境的发言音量，从而实现课堂上的有效沟通互动。坚持多发言，就像锻炼肌肉一样，练得越多，自信心也会随之增强，发言的愿望也会日益增强。

□ 听讲抓住关键

孩子的自信在很大程度上来自外界的认可与肯定。为了赢得他人的认同并实现自我提升，孩子需要在课堂上做到专心致志地聆听讲解，精准深入地进行思考，并能条理清晰地表达意见。在听课过程中，他们应当迅速扫视 PPT 或学案中布置的各项任务，把握核心要点，在本子上提纲挈领地列出回答思路。这种训练对于考试审题、答题也有直接的帮助。

以六年级语文《故宫博物院》一课的两个学习任务为例：

1. 找出作者的参观路线。

2. 了解作者重点讲解的内容，想想他是从哪些方面讲解的。

看到这样两个学习任务，孩子首先要圈出关键词：路线、重点、方面。在浏览课文思考问题时，也可以将两个问题同步展开。

第1题：通过"从天安门往里走""穿过端门""到了午门"等动词，用横线画出参观地点，第一题的思路就清晰了。

对第2题的前半部分，同时关注"重点讲解的内容"，也就是文章作者想写的部分，可以用圆圈圈出"太和殿"，表示是重点讲解的内容。

对第2题的后半部分，从"哪些方面"，就需要对课文做出概括，如方位、外观、内部装饰、功用等。体现孩子对文章的逻辑梳理、概况归纳的能力。

有了这样明确的学习步骤和思考过程，孩子就可以自信地举手回答。

□ 培养高阶思维

美国教育心理学家本杰明·布鲁姆提出的教育目标分类（见图4-1），描述了认知领域中的学习目标和层次。它将认知学习目标划分为六个层次，从低层次到高层次分别是：记忆、理解、应用、分析、综合和评价。

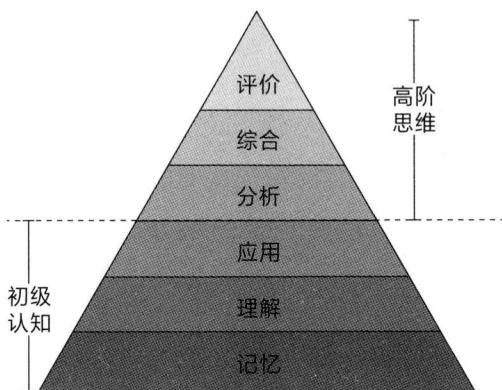

图 4-1　布鲁姆教育目标分类

在教育心理学和认知理论中，记忆、理解与应用被归类为初级认知，是因为它们构成了认知过程的基础和起步阶段。

1. 记忆：是认知的初始阶段，包括对信息的编码、存储和检索。记忆能力体现在能否记住具体的数据、事实、规则、公式或事件等，例如通过背诵、默写等方式再现学过的知识内容。

2. 理解：在记忆的基础上更进一步，涉及对所学知识的含义、原理、逻辑关系等进行深层次的认知和解读，例如解释概念、剖析问题、对比异同、归纳总结等，要求个体不仅能记住信息，还能对其进行解释和关联，体现了初级的思维加工和意义建构。

3. 应用：是将记忆和理解的知识迁移到新情境中去解决问题的过程。例如，学生学习了数学公式后，能运用公式解决生活中的数学问题。应用能力的培养要求个体能够灵活地运用已掌握的知识和技能，反映了认知活动中的初步创新能力。

分析、综合和评价属于高阶思维，它们体现了认知活动的更高层次，对于问题解决、创新思维的培育以及深度学习过程起到至关重要的推动作用。家长和教师应积极致力于培养孩子的高阶思维能力，因为这对于孩子的长远发展以及终身学习习惯的养成具有深远的影响和重大意义。

4.分析： 是指将复杂的信息、问题或概念分解为各个组成部分或方面，以便更好地理解和探究其内在结构、关系或因果链。这一过程涉及识别各要素、区分主要和次要观点、发现模式和趋势，并可能通过对细节的解读来揭示隐藏的含义或深层次原理。

例如，在解决数学问题时，我们可能需要采取识别已知条件、定义关键术语以及分离变量等分析步骤。而在语文学科的学习中，则需要加强分析思维的训练，既要时刻不忘单元、篇章等整体的目标和中心，又能够做到"既见森林，又见树木"，把握部分与部分、部分与整体之间的关系与设计意图。在日常学习中，我们要指导孩子多进行分析能力的培养。

① 提问引导。提出开放式问题，鼓励孩子拆解问题、识别问题的不同方面。例如，阅读一篇文章后，可以提问："你能列出文章的主要观点吗？这些观点是如何支持中心论点的？"或者在科学实验后询问："你能分析这个实验的结果，说明其中的原因和影响因素吗？"

② 案例分析。家长和教师可以提供实际案例，让孩子通过找出

关键信息、辨别因果关系和模式来进行分析。

③ 对比与对照。还可以让孩子对比两个相似的事物或概念，分析它们之间的异同点，锻炼孩子识别差异和联系的能力。

5. 综合：综合是与"分析"相反的过程，即把分析过的各个部分、特征或概念重新整合起来，形成新的整体或构建新的模式、体系或解决方案。综合强调的是在理解各个部分的基础上建立联系，从而构建出新的见解或创意。比如，在撰写研究报告时，综合可能意味着将独立的研究点结合起来，形成一个新的理论框架或推导出综合性的结论。以下是培养孩子综合能力的一些策略。

① 项目任务。设计跨学科的项目任务，让孩子收集多种信息源，然后综合不同领域的知识创建新产品、新方案或完成报告。

② 故事创作。让孩子根据几个零散的情节线索，构思一个完整的故事，可以锻炼他们将孤立的元素有机地组合在一起的能力。

③ 团队协作。让孩子参与小组讨论或团队项目，每个成员贡献一部分信息或观点，然后共同整合成一个统一的整体解决方案。

6. 评价：是对信息、观点、论证或作品的质量、价值、真实性或有效性进行判断的过程。它要求基于标准、准则或证据做出推理，并且常常需要比较、权衡不同的证据或观点。评价的高阶思维特征体现在评价者能够批判地审视信息，不只是接受表面信息，而是考虑信息的来源、偏见、证据支持度等因素，进而做出合理、客观的评估。

以 2022 年北京高考名著阅读题为例："小说第五回中，贾宝玉神游太虚幻境时听到的仙乐套曲就叫《红楼梦》。今天的通行本也多以《红楼梦》为书名。结合作品内容，谈谈《红楼梦》作为书名的合理性。"

回答这个题目，考生既要展现对原著的深入理解和细致解读，又要具备批判性思考和逻辑归纳等评价思维能力。家长和教师如果能帮助孩子逐渐熟悉并熟练运用评价的高阶思维技能，可以有效提高他们解决问题的能力和创新思考能力。

以下是几种能提高评价技能水平的思维训练方法。

① 提问与对话。鼓励孩子表达自己的观点，引导他们对书籍、电影、新闻事件或其他现象进行评价。例如："你认为这个故事的结局怎么样？为什么？""你觉得这部动画片有哪些优点和不足？"

② 批判性思考训练。教授孩子如何查找、筛选和评估信息的准确性、可信度和价值，如教授他们识别权威来源，学会分辨事实与观点、分析论据的有效性。

③ 树立标准与榜样。设定清晰的评价标准，让孩子明白评价要有依据，比如在评判一篇文章时，可以从观点的新颖性、论据的充分性、语言的流畅性等方面进行。

④ 多元视角与包容性。教育孩子理解和尊重他人的不同观点，知道评价并非绝对，应考虑到各种可能性和多元化的背景因素。

⑤ 同伴互评与小组讨论。创设情境，让孩子在小组活动中互相

评价作品或观点，通过交流、辩论等方式提升他们的评价能力。

  总的来说，孩子们在课前阶段可以通过预习来初步完成对知识的记忆、理解和应用这些初级认知构建；而在课堂互动中，则应着重于开展分析、综合及评价等高阶思维训练，这些都是认知层次深化的心智活动体现。为了有效提升高阶思维能力，教师应在课堂上鼓励学生参与同伴间的交流讨论，并在合作过程中实现知识的深层次整合与严谨评价。

第五章

提升学习力，培育聪明的学习者

每天清晨，在校门口迎接学生时，我时常会听见家长们温柔地叮嘱孩子："在学校要好好听话哦！"那声音虽然充满着爱意，却似乎缺乏教育的力量。孩子们要是在家听家长的话，在学校听老师的话，那他们什么时候倾听自己内心的声音呢？作为家长和教师，我们的责任不应仅限于培养一个活在他人评价和要求中的"好孩子"，而更应该致力于培养一个能够独立思考并具备独特见解的"聪明孩子"。

比如，北京十一学校的孙同学坚持每日阅读与写作，具备较高的语文素养。语文课上按部就班的学习显然不适合她的个人状况，因此初中和高中的语文教师给予她自由宽松的学习环境。初中时，语文教师允许她离开教室，去阅览室阅读名著。而在高中语文课上，她常常自己写随笔，或者从教室后面的书架上抽出一本书来看。孙同学在自述中回忆道：

> 我记得有一次我在语文课上看课外书，雷老师叫我起来回答问题，我只能说"对不起老师，我连问题都不知道"。这时雷老师看到我在看的书，很宽容地一笑，让我坐下了。他没有在这件事上批评我或找我谈话，在之后的课上，只要我做的事和语文有关，他就不会干涉我。

孙同学对自己的学习始终有明确的自我认知和有条不紊的学习安排，最终她在高考中语文获得了 148 分的高分。

作为新一代的学习者，现在的孩子应学会重新定义自己的学习方式，要从被动地跟随老师记忆和理解知识，转变为主动掌握知识的运用与迁移，培养自主学习的能力。同时，孩子们还应实现跨界学习、合作学习，并树立终身学习的理念。

让孩子做自己学习的掌舵者
方法 27

"尽信书，则不如无书"，这是我们要与孩子一起养成的学习态度。孩子如果具备了追根溯源的意识，就会建立起探究思考的学习方式，学习对他们来说，也就会充满自我发现的乐趣和成就感。同时，对知识的质疑和探究也是主动学习的一种表现。有些孩子学习总是处于被动状态，每天的作业都要父母反复催促才能勉强写完，没有养成主动写作业、自主阅读和探究的习惯。

孩子学习缺乏主动性的原因很多。从家庭角度看，过度的溺爱会让孩子产生依赖感，缺乏学习韧性，遇到困难容易退缩；家长过高的期望也可能导致孩子感到压力和焦虑，进而产生对学习的抵触情绪。

从孩子的视角来看，缺乏学习主动性的原因主要有：学习目标不明确，整日随波逐流；学习方法不得要领，导致效率不高；学习没有兴趣，缺乏探究热情等。

在课堂层面，如果教师的教学方式单一，缺乏根据孩子年龄特点设计的学习活动，或者老师态度过于严厉、生硬，都难以调动孩子的学习兴趣。

孩子没有学习动力、缺乏主动学习意愿的原因是多种多样的，我们要根据孩子的实际情况做出分析，有针对性地采取不同的措施激发孩子的学习兴趣和内驱力。这里重点介绍几种高效的学习策略和方法，以提高孩子的学习效果和主动性。

□ 主动学习是学习的关键

为什么 2 和 1/2 被称为有理数，而 $\sqrt{2}$ 被称为无理数？有理数和无理数的定义究竟源自何处？

尽管初中的学生都学过有理数和无理数的概念，但很少有人思考上述问题，甚至教师们也鲜有深入探讨。因为学习最浅显的目的似乎就是让学生记住规则，学习验证，然后通过考试。

然而，孙维刚老师[1]却在考证后告诉我们，这其实是一个语言翻译上的错误。有理数和无理数的概念来源于西方，英文分别为"rational number"和"irrational number"。其中，rational 的含义是

---

[1]　孙维刚（1938～2002），北京市第二十二中学数学教师兼班主任，获全国劳动模范、全国十佳师德标兵等荣誉。著有《孙维刚初中数学》《孙维刚高中数学》等专著。

"理性的、有理的"，日本将其直译为"有理数"，我国又将这一概念从日文中引入。但实际上，rational 的词根是 ratio，即"比率"的意思，所以，"rational number"可以被翻译为"能写成两个整数之比的数"，比如分数 1/2 是 1∶2，整数 2 就是 2∶1。因此，整数和分数称为"rational number"，更准确的翻译应该是"比数"。与之相对，irrational number 是指"不能精确表示为两个整数之比的数"，而非毫无道理，它更应被译为"非比数"。

这样的探究过程非常有意思，学习一旦达到"知其然，知其所以然"的境界，就能让孩子在贯通知识脉络的同时，激发起更大的学习兴趣。

"学习金字塔"（见图 5-1）是备受国内外教育理论界推崇的学习理论。许多学校、家长和学习者对此深信不疑，并由此给听讲、阅读、视听和演示的教学方法打上了"被动学习"的标签，认为课堂听讲的效率最差，学习内容的保留率仅为 5%。如果事实真是如此，那岂不是要完全否定和颠覆目前的班级授课制？虽然班级授课制度存在学生自主性、个性化和实践探究等方面的短板，但在教学规模、系统性知识传授、教学管理以及班集体的教育作用等方面，它仍具有显著的优势。事实上，学生通过班级授课取得令人满意的学习成绩是有目共睹的。因此，仅从"听讲只能留存 5% 的学习内容"这个结论，就可以怀疑"学习金字塔"的科学性与合理性。

图 5-1　学习金字塔

那么，"学习金字塔"理论主要传递了哪些信息呢？

"学习金字塔"理论将"听讲、阅读、视听、演示"归类为被动学习方式，而把"讨论、实践、教授给他人"归为主动学习方式。七种不同学习方式对应着相应的学习内容平均留存率，表述方式为"两周后受试者还能记住多少学习内容"或"学习 24 小时后对学习内容的平均保有率"。

1946 年，戴尔在他的著作《视听教学法》中提出了"体验之塔"（Cone of Experience）这一理论，并概况为金字塔模型。该理论主要讨论通过视觉、听觉、实地探究以及有目的的体验等不同方式所产生的效果。然而，戴尔的研究并非关于学习效率，也没有提及记忆保留率或具体层级的数值。经过学术界多年的追查，这些内容最初可能是在 1970 年由其他人根据自己的理解添加上去的。

按照"学习金字塔"图示，听讲、阅读、视听、演示被归类为被动学习，而讨论、实践、教授给他人则被视为主动学习。这种简单粗暴的分法显然是非此即彼的二元对立，没有考虑到学习者的个体差异、学习动机和学习状态等影响因素。

当孩子在听课或阅读时，如果能够带着目的学习，全神贯注，积极思考，勾连旧知识，生发新问题，并与老师或作者进行持续对话，这就属于主动学习。相反，在讨论和实践中，我也经常发现，尽管都参与小组合作实验，但有的孩子在实验中不断思考现象背后的原理、公式，探究结论生成的原因；有的孩子则带着玩的心态参与，看上去很活跃，但在参与实验探究时明显缺乏问题意识，在讨论、总结时游离于学习之外，这显然就是被动学习的表现。

事实上，学习方式的多样性有助于调动多种感官和思维，从而增强学习效果。那些真正热爱学习、擅长学习的孩子既喜欢阅读（被动学习），又热衷讨论、表达观点、乐于实践（主动学习）。他们的学习之所以效果显著，是因为对学习有着内驱力和主动性。

在新课程改革的背景下，培养学生核心素养的重点之一就是激发孩子的学习驱动力。在课堂上，老师已经开始采用任务驱动和设定情境问题的方式，以启发孩子进行概念图、示意图等知识构建；同时设计小组互动学习，使孩子能够在对话讨论和分工合作中展开深度学习。

教育者通过给予孩子人生理想、学习目标、自由空间、自主范围、科学方法和自如表达的支持，可以帮助孩子改变不愿主动学习的被动状态，使他们找到前行的方向和节奏，从而充满自信地发现更加优秀的自我。

□ 刻意练习要"凸显"薄弱点

在教育领域，"刻意练习"被誉为提升学习成效的关键策略。教师们坚信，通过反复的练习和刷题，学生们就能够巩固知识，提高成绩。家长们也不遗余力地为孩子安排各种补习班和辅导课程，希望孩子能在学业上取得更好的表现。

但许多学生可能陷入了"用战术上的勤奋掩饰战略上的懒惰"的陷阱，只关注时间的投入与任务的完成，一遍遍地做着自己已经掌握的题目，给自己带来虚假的踏实感，却忽视了自己知识的薄弱环节。所以，有的孩子尽管付出了巨大的努力，成绩仍然不尽如人意。问题出在哪里呢？答案可能在于，教师、家长和学生对于刻意练习的理解和应用都存在误区。

刻意练习的核心理念应该是发现并强化自己的薄弱点。与其在已经熟悉的题目上浪费时间，不如把有限的时间用于知识薄弱点的专项突破。只有这样，才能真正提升自身能力，填补知识漏洞。

这里涉及学习效率问题：对于已经掌握的知识点，再做多少套题也无法带来实质性的提高，反而是在白白浪费时间和精力，导致不熟练的知识点被埋没在机械的复习中，始终没有足够的深入思考和针对性的突破策略来解决它们。

孩子们应该秉持"凸显"的理念，即在练习中突出自己不会的题目和知识点，集中力量进行重点突破。类似地，为了凸显不熟悉的英文单词，可以把它们写到小纸条上，随身携带，利用零碎时间记忆；而为了凸显丢分大的试题模块，则可以以历年真题的同题型试题为辅助资料，进行强化训练。

顶级运动员的训练哲学与业余爱好者之间存在显著差异，这对分析孩子学习成绩的差异很有启发。顶级运动员为了保持竞争力并不断突破自我极限，会采取"刻意练习"或"挑战区练习"的方法。这种方法强调在专业指导下，有意识地针对自己的弱点和不熟练的高难度技能进行练习。通过这种方式，运动员们能够逐步提升技能水平，扩展自己的能力边界。

相比之下，业余爱好者往往更倾向于在自己的"舒适区"内活动，反复练习已经掌握的动作或技能，这虽然能带来一定的乐趣和成就感，但对技能的大幅提升作用有限。

而除了针对性地训练，顶级运动员还会设定具体的、具有挑战性的目标，并通过分析比赛录像、采用高科技训练设备、与高水平对手竞技等多种方式来持续推动自己进步。他们注重心理训练、营养管理、体能恢复等全方位的训练，以确保在比赛时身体和心理都能达到最佳状态。

216

让每一个孩子发光：创建优质家校关系的 33 个方法

　　心理学三区模型（见图 5-2）将人类对外部世界的认识分为三个区域：已经掌握的知识和技能称为"舒适区"，最适合立即学习提高的区域称为"学习区"（亦称延展区、挑战区），暂时无法领会或理解的部分称为"恐慌区"。

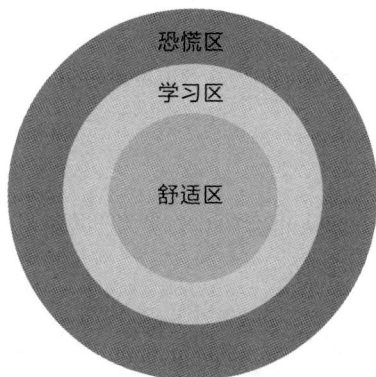

恐慌区
学习区
舒适区

图 5-2　心理学三区模型

　　成长型思维模式要求学习者走出舒适区，进入学习区，探索新的技能和知识。例如，如果学生一直存在语文标点符号使用不当或英语完形填空错误率较高的问题，就需要进行专项训练；至于准确率很高的知识点和题型，应果断跳过，集中精力在下一个易失分的重点上进行训练。优秀的学生和顶尖运动员一样，不会滞留在舒适区，他们始终停留在学习区，不断挑战自我，保持积极的学习状态，并要求自己每天都有一点点的进步。

□ 应用元认知进行错题分析

在某种程度上，刻意练习就是针对易错点进行专项练习。考试中的错题可以暴露孩子在审题、思维或知识点等方面存在的问题，这是提高成绩需要抓住的关键点。有些孩子在老师讲解完试卷后，试卷仍然干干净净，没有记下老师讲解的重点和自己的总结，这样就没有让考试发挥其暴露问题的作用。因为试卷不是门面，而是用来检测知识、强化记忆、查漏补缺的，所以试卷要"留痕"，记下自己的思考与关注点。

此外，学生还要高度重视对错题的分析。实践证明，针对那些徘徊在及格边缘的科目，若能选取最近的两三份试卷，对其中的错题进行深入细致的分析，并针对分析结果有的放矢地加强薄弱环节的训练，学生的成绩往往能够实现显著提升。

在进行班级试卷讲评时，学科教师通常展现出两种截然不同的教学方式：

一种是，缺乏充分准备的教师的教学方式。他们可能会采取流水账式的方法，从首题讲至尾题，每一题的分析都浮于表面，缺乏深度。这种蜻蜓点水般的讲解，由于缺乏针对性，往往导致学生注意力分散，学习收效甚微。

另一种则是，敬业且细心的教师的教学方式。他们会事先精心备课，依据每道题的错误频次来规划讲评重点。对于学生失分集中的题目，他们会投入更多时间深入解析；而对于只有少数学生出错的问题，则会酌情简化处理，甚至在时间紧张的情况下选择略过，以确保讲评的高效性。尽管如此，现有的试卷讲评模式仍面临挑战：即便是同一题目解答错误，每位学生的误区也可能不尽相同，教师难以在有限的时间里逐一剖析所有错误类型，学生也难以自行精确识别自己的犯错根源，这无疑限制了讲评的精准度与个性化效果。

因此，要真正依托试卷分析实现成绩的飞跃，孩子的主动参与是关键所在。

家长要引导孩子拿到试卷后，学会首先放下对分数的过分关注，避免因分数影响情绪。更重要的是，家长要教会孩子像发掘宝藏一样对待错题，鼓励他们在查看答案或听老师讲解之前，独立地回溯考试时的解题思路，自我诊断出错的症结所在。

随后，家长应该鼓励孩子将这些错题精心整理到专门的学科错题本中，根据题型及其涉及的知识点等标准进行分类归纳。选择使用彩色分类笔记本或在普通活页本中加入彩色索引标签，能够使复习过程更加条理清晰，便于日后快速查找与复习。

家长还可以培养孩子在日常学习中使用红笔的习惯，尤其是在笔记记录、作业修正和试卷分析时。红色作为一种醒目的颜色，能够强烈吸引孩子的注意力，促使他们对错误和重点信息给予特别关注。在总结错题时，孩子可以使用红笔在错题旁直接标注错误原因，如"审题偏差""知识点遗忘""逻辑条理不清""计算失误""思维定式"

等，这样的标注需简洁明了，直击要害。这一过程不仅是对错误的反思，更是元认知策略的实践，帮助孩子逐步建立起自我监控和自我调整的学习机制。

培养孩子养成总结错题原因并书面记录的习惯，实现问题可视化，这一过程对于提升孩子的解题准确率和构建正确的思维路径至关重要。错题本就如同一根精致的水晶弹力线，将散落于练习册、日常测验、模拟考试中的错题珠串联起来，化零为整，形成一条耀眼的知识项链，这些错题，相比解答正确的题目，更蕴藏着提分的价值。错题本应是动态的资源库，不断纳入新错题的同时，也要与旧有的相关错题相互参照，形成知识网络，让孩子考前复习时翻阅，能有效加深记忆。

对于孩子再次出错的题目，家长应协助孩子将其加入到下周的滚动测试中，持续循环，直至完全掌握。这一策略不仅加强了对难点的突破，也体现了"温故而知新"的学习策略，促进学习成果的稳固提升。

高效听课：课堂笔记记录与思考

方法 28

我在走访学校听课的过程中，常常看到教师设计的板书风格优美、结构严谨，清晰地呈现出课堂的主要知识要点与核心脉络，使人一目了然。然而，当我观察学生们的课堂表现时，却发现不少孩子缺乏记笔记的意识与习惯，甚至一节课下来，课本和笔记本都没有打开过，他们真的只是在"听"课。这种现象，不仅反映了学生课堂学习的效率低下，也折射出教学互动方式的单一性——部分课堂仍停留于传统的"问与答"模式，或是依赖集体回应的简单互动，未能充分激发学生个体学习的积极性和深度参与。不做笔记听课是没有效率可言的。

而有些学生则对待笔记尤为严谨。他们会紧跟教师的板书节奏，将板书逐字逐句、原封不动地"复制"到自己的笔记本上。但板书更多反映的是教师的思维路径，未必与每位学生的认知完全契合。学生单纯抄录板书，并不意味着已经理解与掌握了上课内容。这种机械式地抄写笔记，本质上是一种被动学习策略，它削弱了学生主动思考及深度剖析的机会，且因占用大量课堂时间，反而压缩了对讲授内容深入思考的空间。直接复制信息而不经过大脑加工处理，记忆的持久性和深度都会大打折扣，学生可能在课后很快就遗忘所记内容。

高效的笔记应该远不止于对信息的简单复制。学生应在听课过程中，结合教材和笔记，主动标注或记录那些能促进理解的关键知识点。为了提高学生的课堂笔记效率，我们要给孩子提供改进课堂笔记的策略，以便他们能更好地掌握课程内容。这个策略包括两个关键部分：记什么？怎么记？

□ 记什么

1. 记框架提纲

教师的板书一般都是授课内容的框架结构和重点提示，以便学生复习时可以按照这个提纲建立整节课的知识体系。然而，板书既然是框架，就不是课堂知识的全部内容。学生要根据自己的学习掌握情况，做适当的延伸记录，也就是说，不要完全照抄教师的板书，而是要有自己的取舍和判断。

2. 记听课重点

课前，学生还要预习，对预习中不明确或复杂的知识点，在课堂上应全神贯注并详尽记录；而对已掌握的基础或简单内容，则可适当放松关注，让大脑有间隙处理深度思考，确保把精力用在重点内容上。

3. 记解题思路

在课堂上，教师演示的审题策略、解题步骤及公式定理的应用，实质上是对解题思维模式的直观展示，学生也应留心记录这些内容，这样在课后复习与练习巩固时，可以参照课堂笔记，从而有效提高复习效率。

4. 记关联点

真正的学习在于建立新旧知识的桥梁，将课堂获取的新概念融入既有的认知架构中。每当学生在课堂上接触到新的概念时，大脑会在已有的知识网络中寻找关联点。这种关联不仅加深了对新知识的理解，还加强了对旧知识的巩固。

比如学习古文《出师表》中的"先帝不以臣卑鄙"一句时，学生了解到"卑鄙"在这里是"社会地位低微，见识浅陋"的意思。但学习不应止步于此，我们还要鼓励学生关联以前所学的知识。于是，他们就会想起《曹刿论战》中的"肉食者鄙"一句，此处的"鄙"意为"见识短浅"，而《为学》中的"蜀之鄙有二僧"一句，"鄙"则指"边远地区"。

学生应把这些丰富的词义变化记录下来，不仅要汇总"鄙"字的不同用法，还应简要标注它们出现的上下文语境，以此促进对其深度理解和记忆。

这种做法不仅促进了学生对"鄙"字多维度意义的系统性掌握，更重要的是，它是一种思维训练，强化了学生的联想与综合思维能力，帮助他们在脑海中编织出一张错综复杂的知识网络，让学习变得更加立体和高效。

5.记疑问

课堂上，如果学生紧跟教师的授课思路，就会产生很多疑问。有的疑问，教师会在预设或互动中给予解答，有的则教师未提及，学生也来不及提问。如果学生不做记录，这些重要的信息就转瞬即逝，导致知识体系不够完整。对于学生个人而言，疑问是建立知识链条的重要纽带，如果疑问得不到解答，知识之间的逻辑就会模糊不清。因此，家长要告诉孩子，在课堂上要及时记下自己的疑问，并在课下及时向教师和同学请教。

6.做归纳总结

学生要养成在每节课末主动进行个性化归纳总结的习惯。总结是思维的深度历练，能够培养学生独立思考与概括的能力。

□ 怎么记

推荐使用康奈尔笔记（Cornell Notes System），这种笔记样式是康奈尔大学教育学博士沃尔特·鲍克设计的。它以其独特的分区设计，帮助学生更有效地组织和回顾学习材料。

康奈尔笔记的页面划分为三个部分：笔记区、线索区和总结区（见图 5-3）。这种方法鼓励学生在笔记区专注记录要点，然后在线索区提取主要概念、听课产生的问题、勾连的旧知识与产生的联想，最后在总结区进行课后复习和思考。

采用这一系统的笔记本可以直接购买，也可以自己动手改造。如果选择后者，只需在普通笔记本的页面上画出相应的区域，便能轻松实施这一高效的笔记策略。

■ 日期　　/　　/	■ 主题
■ 线索区 • 记录产生的疑问 — 记录时间：听讲时 — • 记录联想到的旧知识 — 记录时间：听讲或课后复习时 — • 总结右侧笔记要点 — 记录时间：课后复习时 —	■ 笔记区 • 记录板书与 PPT 中的相关内容 • 关注重要信息发出的信号，如教师提到"三个重要的含义是……""……是由两个原因造成的"时，记录之后的内容要做好 • 做到主动学习，以笔记为牵引实现主动听讲、主动阅读 • 记录关键词句，使用速记符号，保证跟上授课速度与思路 — 记录时间：听讲时 —
■ 总结区 • 用自己的语言总结内容主旨，以检验理解程度 • 用思维导图或图表的形式做系统梳理 — 记录时间：课后复习时 —	

图 5-3　康奈尔笔记示例与分区说明

□ 怎么用

从记忆的角度，康奈尔笔记又被称为 5R 记忆法，是一种将笔记与记忆技巧相结合的高效学习方法。这种方法可以让笔记实现模块化和系统化，引导孩子主动融入对知识的记忆与创造，从而提高学习力。

第一步：记录（Record）

在听讲或阅读过程中，学生应在"笔记区"尽量全面地记录重要的概念与知识点。这一步是为了确保不遗漏任何关键信息，同时也为后续的记忆和理解打下基础。

第二步：简化（Reduce）

下课后，学生应尽早将记录的知识点、概念简明扼要地概括（简化）在"线索区"。这一步骤是及时回忆和加工的思维过程，相当于第一遍记忆。这不仅仅是一个对记录内容进行"由厚到薄"的简化过程，更是一个深化理解和加强记忆的过程。

第三步：复述（Recite）

在课后复习时，学生可以遮住"笔记区"，仅利用"线索区"中的关键词作为提示，尝试像对他人讲解一样复述课堂内容。这种方法实际上模拟了考试时的环境，因为在考试中，学生面对的是问题而非阅读材料。通过这种复述方式，学生可以利用最少的提示进行自我测试，从而达到加深记忆的目的。

第四步：思考（Reflect）

在这一步，学生需要对笔记内容进行深入思考，询问自己这些内容与哪些事实、现象或理论相关，以及它们可以应用于哪些方面。这是一个"由薄到厚"的过程，旨在培养学生独立思考的能力，即使最初的想法和观点显得幼稚或缺乏逻辑，也应该记录下来。

第五步：复习（Review）

每周末，学生还应花 10 分钟快速浏览笔记，首先查看"总结区"，如果能够完整地回忆起"笔记区"的重点内容，就可以迅速进入下一页的复习。这样的快速多遍复习比长时间"死磕"每一页要高效得多。

从"教"到"学"的过程，教师只是完成了信息的初步转换，学生还需要从"学"转变为"学会"，这是第二次信息加工的关键步骤。通过精心制作的笔记，学生不只是在记录信息，更是在同步完成学习的归纳总结、提出问题、关联已有知识和复习回顾等多个步骤，从而实现课堂学习效率的最大化。这种方法将帮助学生构建坚实的知识基础，促进深层次的学习和长期记忆。

归根结底，学习的本质就是培养科学高效的学习习惯。正如著名教育家叶圣陶在《新教育评论》中说的："什么是教育？一句话，就是要养成良好的学习习惯。教育就是对习惯的培养，积千累万，不如养个好习惯。"

方法 29　以教促学：通过训练提高记忆力

有些孩子虽然会很努力地去背诵课文和相关知识点，却总是记不住，家长可能会误认为自己的孩子天生记忆力不好，但事实上，记忆力是可以通过训练提高的。在家长的协助下，结合讲解、复述、追忆等多种学习方法，孩子的记忆力能够得到显著提升。

□　以教促学的学习方法

清华大学本科、北京大学研究生 H 同学分享小时候妈妈的"骗局"。他的母亲总是假装自己对孩子所学的知识一无所知，让他每天放学后把在学校学到的知识教给她。母亲则非常认真地学习。长大后，H 同学才意识到，原来他的母亲一直在运用"以教促学"的学习方法来帮助他学习。

□　以教促学的实践应用

学习金字塔理论认为，学习内容留存率最高的方法是"教授给他人"，这与费曼学习法的核心理念不谋而合。费曼学习法强调通过向他人讲授知识点来强化学习效果。在《科学学习》一书中，丹尼尔 L. 施瓦茨将这种方法总结为"以教促学"，从而明确了讲解与学习之间的紧密联系。讲给他人听确实是一种常用且有效的学习手段。当然，家长不必拘泥于网络上总结的运用费曼学习法的复杂步骤。只要让孩子大胆地讲、坚持讲，就会在其头脑中构建起知识的链接与图谱。

在学校，孩子们可以根据自己的优势学科与其他同学结成学习小组，互相讲解各自的优势学科知识。即使是自己的优势学科，为了给同学讲清楚，孩子们也必须做到将知识融会贯通、对细节了然于胸。孩子经常会遇到讲着讲着被卡住的现象，这会促使孩子再去查阅课本、翻阅资料、求解论证、梳理思路。换句话说，给别人讲解的责任感会驱使孩子拥有更强的学习自主性。在课堂上经常开展的小组学习中，那些主动给其他同学讲解的同学往往能将知识掌握得更牢固。

在家中，家长可以扮演孩子的学习伙伴，为孩子提供一个独特的学习环境。与在学校的互相教学不同，孩子在家中应专注于向家长讲解自己的薄弱学科知识，而家长在这个过程中要扮演一个知识水平略低的学生角色，跟随孩子的讲解，频繁提出"不明白"的问题。这种方法能激励孩子更加集中注意力，调动自己的所学和积累，全力以赴地尝试向家长清晰地讲解。这种对知识的运用和思考过程，不仅能让孩子对知识进行有效串联，还能加深对知识的印象。

此外，当孩子在讲解和回答问题时，他们的逻辑表达能力也会得到很好的锻炼。例如，家长可以在陪孩子打篮球时，顺势请孩子讲解"投出的篮球最终会落地"的物理原理。孩子的解答可遵循这样的逻辑框架：首先概述基础理论，即物体维持原始运动状态不变的性质称为惯性，所有物体均具有惯性。继而，孩子可结合问题进行分析：篮球被向前上方抛掷时，由于惯性作用会维持在空中前行的状态，但最终篮球还是会受地球引力而落地。

　　这个解答简洁直观，但思考不够深入，未能详细说明篮球在空中飞行时的运动状态变化。如果我们经常启发孩子做类似的讲解实践，孩子的思维就能得以深入拓展，逐渐学会从多角度分析问题，进一步培养孩子的延展性思维分析能力，做出这样的分析：

　　　　抛出去的篮球，由于惯性，离开手后会保持原来的运动状态继续前进。因为在空中飞行的篮球受到重力和阻力作用，阻力与篮球的运动方向相反，而重力的方向竖直向下，因此篮球会不断改变运动方向做曲线运动，最终落到地面。

　　这个分析明显就要深刻一些，进一步细化了篮球在空中运动的力学分析，不仅提到了惯性使篮球保持向前的运动状态，还明确指出重力和空气阻力是影响篮球运动轨迹的两个关键因素：重力是导致篮球做曲线运动的机制，即篮球在垂直方向上受重力加速，而在水平方向上由于空气阻力逐渐减速。

　　这样的讲解表达和逻辑推理训练，会不断促进孩子对知识的全面和深刻理解，让孩子站在更高的视角看到知识的系统性和结构性，从而使学习呈现积极态势。

□ 教会孩子复述

Z 同学记忆力超群，过目不忘，所以初中学习成绩始终位居年级第一，而且总是超出第二名几十分，一骑绝尘。高中时，她以优异的成绩考入教育部全国理科试验班，保送清华大学，后来更是获得全额奖学金，赴美国攻读博士。这么优秀的孩子是怎么培养起来的呢？她的家长的教育策略之一，就是通过让她复述训练他的记忆力。

Z 同学喜欢读书，每读完一本就向妈妈要求买新书。妈妈提出了一个条件："买书可以，但每读完一本书后，你都要把读过的书复述一遍给我听。"读书的渴望让孩子在读的时候格外认真，而复述一方面训练了孩子的概括能力、表达能力和逻辑能力，另一方面也训练了孩子的记忆力和专注力，孩子读书时会有意识地关注主要情节和经典的细节，以便在复述时抓住主要观点和支撑论据。

复述记忆法的核心涉及梳理、识记、复述和复习四个步骤。

1. 梳理

要让孩子通过复述提高记忆力，首先可以借助思维导图，以关键词的方式梳理出复述内容的结构。这可以让孩子做到提纲挈领，系统地把握住记忆内容的脉络。比如对文言文《邹忌讽齐王纳谏》可以做如下梳理（见图 5-4）。

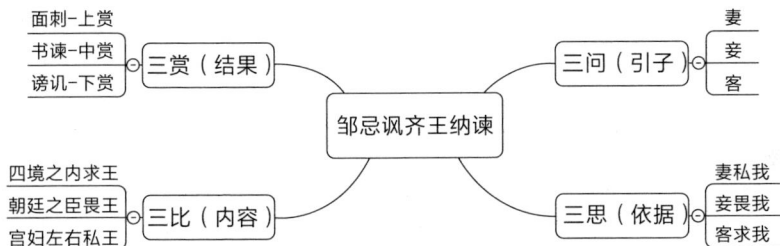

图 5-4　《邹忌讽齐王纳谏》思维导图

与主动学习相对应的被动记忆状态是"死记硬背"，即机械地重复记忆，通过增加背诵的遍数来完成老师布置的背诵任务。机械记忆不利于孩子的思维和智力发展，也容易让孩子对学习和背诵产生厌倦情绪，导致记忆内容在脑海中存留的时间不会太长。孩子可能会发现，虽然背诵的内容足以应付第二天的课堂检测，但到了期末，面临对一学期的知识进行全面考查时，大脑储存的记忆却难以应对繁多的学习内容，导致顾此失彼，手忙脚乱，严重影响备考心情。

"死记硬背"就是我们通常说的"不会学习"。家长和教师必须对只会机械记忆的孩子进行指导，在孩子背诵时，指导他们掌握梳理、分析背诵材料的方法，让孩子明白课文的背诵需要把握结构、理解内容。这个过程虽然可能需要比死记硬背花费更多的时间，但磨刀不误砍柴工，从记忆效果、培养孩子记忆力和增强其自信心的角度来看，是非常值得的。

就像父母辅助孩子学骑自行车一样，一开始孩子可能会有胆怯和不适，骑起来也歪歪斜斜，但成功的喜悦会在他的内心迅速萌芽、滋长。当孩子终于能够独立骑行时，他的能力、自信和自豪感会同时生成。

2. 识记

识记是指让反复的感知作用于感觉器官，借以在大脑中形成神经暂时联系的过程。这个过程不仅仅是被动地接收信息，也是一种主动建构知识的过程。

识记属于记忆的第一个基本环节，此时的记忆并未建立起暂时联系，还处在"瞬时记忆"的感觉存储阶段，很容易消失。孩子需要多次重复阅读、背诵记忆内容，以强化刺激神经元网络间的联系，记忆的内容才能进入"短时记忆"。

要使记忆内容进入"长时记忆"，还需要结合识记与再现的方法。具体做法是，读完一遍材料后，不要立即读第二遍，而是先闭上眼睛，根据之前制作的思维导图，在脑海中像放映电影一样回顾主要内容，接着尝试背诵这些内容，遇到想不起来的地方时，再打开课本查看并重点关注那些模糊的部分。

3. 复述

复述是学习过程中的另一个关键环节，它不仅能够帮助孩子巩固记忆，还能加深孩子对知识的理解。复述可以由孩子自己完成，也可以让他们向家长展示。孩子在向家长复述知识时，不需要正式的环境，可以在日常生活中随时随地进行，这样既能够体现学习的轻松感与随意性，又能保持知识的活跃度，让知识处于随时可被调取的状态。

在条件允许的情况下，可以让孩子在复述的同时，在纸上画出脑海中的知识结构、思维导图或写出关键词句。这样的过程能够让手、脑、眼、口同步协调工作，多种感官相互配合，从而加深孩子对知识的立体感知。根据心理学家的研究，单一感官的记忆效率有限，如果能够在学习中结合多感官参与，记忆效率则会大幅提升。

4. 复习

学习的知识间隔一段时间之后要及时回忆，才能把短时记忆转化为更稳固的长时记忆。复习不只是对知识的再次梳理，更是学习过程中体现主观能动性的一环，它能够让孩子始终保持学习的主动性和责任感，维持一种积极的学习态度。

记忆单个知识点或单篇文章时，可以将其置于更广阔的知识背景中加深理解和记忆。这与学习汉字、记忆单词时采用的"词不离句"策略相似，我们在语境中理解和记忆新词语更为有效。在更广泛的知识面中对单个知识点进行识记，有助于提高记忆的质量。

在这里，我们需要了解两个关于记忆的心理学概念：有意识记忆和无意识记忆。为什么有些孩子能够把整本课本都背下来，甚至在一些学科的考试中拿到满分？可能他们都没有意识到自己在运用有意识记忆和无意识记忆。

有意识记忆是指学习者需要付出意志力来完成的记忆过程，它是有目的、有意识的识记。例如，在课堂上，老师会首先明确本节课的学习目标，学生则在这些目标的引领下，通过心记、笔记、练习、思考、讨论等方式学习和记忆新知识。老师在布置家庭作业时，会指定需要背诵的内容，在第二天上课时进行检查。这些都是在引导学生进行有意识记忆。

然而，仅有有意识记忆是不够的，学习者还需要增加无意识记忆的知识内容，即那些只需阅读、思考而不需要刻意记忆的材料。例如，在学习诗歌时，可以拓展阅读《唐诗鉴赏辞典》，提升鉴赏诗歌的文学素养；学习历史，可以阅读历史小说，让历史人物在故事中鲜活起来，培养学习历史的兴趣。类似地，学习其他学科，也需要阅读相关读物。

这种基于兴趣、思考和专注的阅读，能够使孩子的思维保持活跃状态，增强对阅读材料的理解和记忆能力。如果孩子阅读和思考的材料比课本要求背诵的内容多好几倍，那么背诵课文就不再是死记硬背，而是在理解基础上的记忆。这样，思维与记忆就能够实现有机融合。

□ 通过追忆训练记忆

复述是一种常用的记忆训练方法，尤其适用于历史和道德与法治等学科。而对于物理、化学等理科的学习，我们还可以采用另一种方法——追忆。追忆是由北大附中石景山学校崔岩校长、方绍英副校长提出的学习策略。与练字和学习任务单统称为该校学生的三大学习法宝，在短短几年的治理发展中，学生综合素养显著提升，学校被誉为"京城最具加工能力领军中学""高考悍马"。

在课堂上，教师们通常会进行课堂小结，这是帮助学生巩固知识的关键步骤。然而，我们必须明确一个事实：这些总结只是教师的理解路径，而非学生个体的认知构建。因此，我建议每节课的小结应由学生自己来完成。可以通过口头总结，也可以用思维导图的方式，提取关键词来进行，但有一个要求：不能看课本、笔记本，要凭着记忆来完成小结。这就要求学生在课堂上认真听讲，注意课堂的知识结构。

在孩子放学回到家，开始写作业之前，家长可以随机指定两个学科，让孩子对当天学习的内容进行追忆。为此，家长可以准备一个专门的追忆本子。在使用这个本子时，孩子同样不能看课本和任

何学习资料，仅凭记忆来回顾和总结当天的学习内容，总结的形式
可以是条目式的，也可以采用表格、思维导图等多种形式。

在刚开始尝试追忆训练时，孩子可能会发现，尽管他们在学校
学习了一整天，但真正能够记住并回想起来的内容却少得可怜，这
是因为他们还没有习惯于在课堂上进行主动学习。但如果家长坚持
让孩子进行追忆练习，就能促使孩子在课堂上更加专注地听讲，并
在听讲过程中有意识地进行重复记忆，从而建立起所学知识的结构
体系。

随着时间的推移，孩子通过追忆能够回忆起来的内容会逐渐
增多，不仅能够清晰地呈现课堂的基本结构和知识的逻辑框架，甚
至能够记住课堂上的例题和练习题等细节。出现这样的进步，是因
为他们将更多的精力投入到了课堂学习本身，而不是过分依赖于作
业练习和课外辅导。这种学习方式将大幅提升他们的学习效率和记
忆力。

□ 测试也是记忆的一种方式

很多时候，熟悉感会欺骗我们。比如，孩子不断翻看课本时，
会感觉对知识已经完全掌握。然而，当真正面对考试时，他们才发
现自己对知识的掌握并不如想象中那么深刻。这是因为熟悉并不等
同于理解，看懂也不代表真正的掌握。只有通过及时的检测和反馈，

孩子才能准确把握自己的学习状况。

在学校，老师会组织课前测试和课后测试；在家中，家长可以念出词语或单词，让孩子听写；而在周末，孩子可以自行安排错题检测。这些都能有效地发挥测试的检测功能。

《认知天性》中提到，科学实证研究表明："检测是一种有效的记忆方法"。在孩子的学习中融入检测与反馈机制，不仅能帮助孩子实现信息的获取，而且能实现知识的深刻内化与有效建构。

通过有意识的测试，家长和教师可以全面地了解孩子的学习状况，及时发现他们的薄弱点，进行针对性的改进。与此同时，测试也能够作为一种强化记忆的工具，帮助孩子更好地记住和理解知识，提高他们的学习效率和质量。

知识梳理：结构化搭建认知框架
方法30

在小学阶段，由于知识相对简单，考查范围相对明确、集中，孩子们通常不需要在复习上花费太多的心思，凭着儿童出色的记忆力就可以取得不错的考试成绩。然而，升入初中后，孩子学习的科目增多，难度增大，需要掌握的知识点越来越多，而单门学科的学习时间却相对压缩，学习压力相应增大。这时，我们会发现，有些原本在小学依靠努力、聪明和记忆就能维持成绩中上游的孩子，升入初中后，出现了学习顾此失彼、成绩增长乏力的现象。这表明，如果孩子没有培养起科学的学习方法，他们将难以应对中学复杂的学习内容和能力考核要求。

而在众多学习方法中，学会知识的归类和结构化梳理尤为重要。通过对知识进行结构化梳理，孩子们可以将零散的知识点串联起来，形成完整的知识体系。这样，他们不仅能够加深对知识的理解和记忆，还能够提高思维的逻辑性和条理性。

因此，家长和教师需要尽早引导孩子进行知识的结构化梳理，比如使用思维导图、概念图等工具，帮助孩子将新知识与已有知识连接起来，形成网状知识结构。当孩子具备了有效学习和复习的方法，他们在面对更复杂、更深层的中学知识时，就能更自信地应对各种挑战。

□ 知识归类

各个学科的教科书都是按照一定的逻辑体系编写的。例如，语文教科书通常根据文章内容进行分类，包括人物传记、四季写景、亲情叙事、童年记事等单元；历史教科书则以时间为主线，按照历史发展的时间顺序组织内容，帮助学生理解历史事件的先后顺序和历史发展的脉络。

然而，许多学科的知识点并不是在一个单元中集中学习完成，而是分散在不同的年级和学段进行学习的。以语文为例，特殊句式如判断句、被动句、省略句、倒装句等，是在不同的课文中出现，并由语文教师在课堂上随文讲解的。这些知识点就像是散落的珍珠，需要孩子进行归类梳理，形成结构化的知识体系。

同样，在历史学科的学习中，尽管时代背景不同，但有些历史事件的性质是相似的。如果孩子能够将这些内容整理归纳到一起，进行集中比较和复习，就能增强对知识的记忆与理解，从而取得更好的复习效果。

在实际操作中，选择使用活页本或标签页进行结构化梳理都是不错的选择：使用标签页便于迅速定位知识点，节省学习时间；而活页本则允许随时插入新知识，实现笔记空间的灵活扩展。

□ 知识结构

随着学习的深入，孩子就要学习围绕一个主题建立知识的结构体系。知识的结构体系是指知识的内在组织和层次结构，它反映了知识之间的相互关系和逻辑联系。

有的孩子上课认真听讲，笔记记得很清晰，作业也按时完成，是老师和同学眼中的好学生，但考试时却不能取得理想成绩。面对这种情况，我们需要对孩子的学习过程进行观察，看孩子是否在知识调取、知识存储或知识梳理环节存在问题。

1. 知识调取

首先要观察孩子在解决问题、应对考试时能否高效准确地调取知识，能否清晰地找到解决问题的路径。任何知识都不是孤立存在的，都与其他知识相互关联，随着考试试题更加强调对知识的应用性、探究性和开放性的考查，孩子需要具备对知识进行灵活调取和运用的能力。

比如道德与法治试题："你如何看待校园中的抄袭行为？"要回答这个问题，孩子需要从记忆中调取相关知识。有些孩子只能提及"诚信"相关知识，而另一些孩子则可以快速将个人诚信与知识产权、学术诚信、个人声誉等联系起来，形成更完整的观点。

2. 知识存储

为了确保在使用知识时思路清晰、结构严谨，需要在知识储存过程中进行分类和组织，构建内在逻辑体系。然而，很多孩子并未意识到自己所学的知识是零散的、不成系统的，虽然每节课都会有笔记和小结，但这仅仅是一节课的内容，容量有限，如果不加以整理，就不能够与前后的知识关联、形成严谨的体系。

另一方面，在学习过程中，许多孩子仍依赖机械记忆，通过反复诵读和做题来强化知识记忆。然而，机械记忆的局限性显而易见，它往往只关注表面信息，缺乏对知识内在逻辑的深入理解，这就可能导致孩子在面对新问题或复杂情境时，缺乏运用知识的灵活性。

换言之，知识在最初的记忆阶段，是以碎片的形式储存在大脑中的，孩子需要努力将这些零散知识点联系起来，理解它们之间的逻辑关系，使知识变得更为系统化。

所以，孩子在课堂上进行了知识存储后，还需要进行至关重要的一步：知识梳理。这一环节对于很多孩子来说是缺失的，但没有引起家长的足够重视。

3. 知识梳理

很多孩子不愿意做知识的梳理总结，因为这需要耗费相当多的时间和精力。有的家长会选择给孩子购买把学科知识都整理好的辅导书，但是孩子在参考使用一段时间后，成绩没有显著提升，就又会放弃这个方法，变得更加懒得动脑。根本的问题是，这些辅导书虽然用思维导图、各种图示、不同颜色把知识点都做了总结与提炼，但这些总结是他人的思维与梳理，并不属于孩子自己。正如樊登所说："轻松的学习是无效的：你只是在假装努力。耗费心血、花费心思的学习才是深层次的。"

实际上，这些家长和孩子忽视了一个关键问题，即知识的结构化梳理实际上是加强记忆和优化思维路径的过程，也是建立准确逻辑关系的过程。如何对知识进行分类、建立层级结构，需要孩子根据自己学习的主题亲自设定，否则，其思维过程仍然会杂乱无章，缺乏清晰思路。

尽管知识梳理看似费时，却是最有效的学习方法。我们要教育孩子不要依赖辅导书或他人整理的知识体系，要从一个相对简单的知识框架出发，结合分类和层级，不断强化大脑中的结构性思维，形成清晰且有逻辑性的结构图。这样，孩子在解题时，就会发现高强度思考不再是难事。

这就像电脑文件的存储方式，若使用者没有将文件命名、分类和建立结构关系的习惯，电脑文件将变得杂乱无序，查找资料时就会困难重重。就像图书馆的图书分类、超市的物品分门别类地摆放一样，这种方法能帮我们快速找到自己需要的物品。

知识调取、知识存储、知识梳理这三个环节都很重要，它们相互联系，形成有机整体。为了更清晰地呈现这三个环节之间的联系，这里可以使用一张图来表示这一结构化学习过程（见图 5-5）。

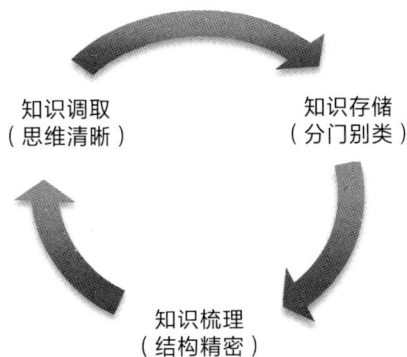

知识调取
（思维清晰）

知识存储
（分门别类）

知识梳理
（结构精密）

图 5-5　结构化学习过程

通过这种结构化学习过程，孩子可以建立起完整的知识体系，从根本上提高对知识的理解和运用能力。

知识体系的建立并非一蹴而就，而是一个动态调整和持续完善的过程。在学习过程中，随着新的知识点、新的领悟和收获的出现，要及时补充和完善自己的知识体系。

思维导图的设计灵感正是来源于大脑神经元的工作原理，它模拟了大脑的发散性思维过程，有助于我们以图形方式组织知识和表达思想。它能帮助孩子更好地组织和理解知识，使得知识体系更加完整和清晰化。

有自己的知识框架的孩子，在做题时会先尝试判断题目设计的是哪一章节的哪个知识点，该运用哪个公式，思考为什么用这个公式。而缺乏框架思维的孩子可能只会简单替换公式，未能建立起知识与问题解决之间的前后联系。

思维导图的形式很多，常见的有气泡图、双重气泡图、树形图、流程图、括号图、韦恩图、鱼骨图、圆圈图、时间线（时间轴）、桥状图、组织结构图等。孩子可以作为专题去了解一下，在做知识梳理时尝试选择不同的形式。

聪明答题：变身"出题人"，吃透得分点
方法 31

我们的一生要经历很多次考试：中考、高考、研究生入学考试、

司法考试、公务员录用考试、教师资格认证、注册会计师考试等，这些考试构成了我们成长道路上不可或缺的部分，见证了我们的进步与蜕变。每一次考试的成绩，反映的不仅是我们对知识理解的深度与解题策略优劣，而且和我们的目标定位、时间管理、任务规划、坚持不懈的精神、专注程度、学习策略、学习效率、心理调适能力以及身体健康状态等因素都息息相关。

可以说，应试能力实质上是一种全方位的综合能力体现。我们要认识到，任何考试都有其内在的规律性。基于教育体系的稳定性和连贯性，考试内容与形式的革新通常采取渐进式推进，当面临调整或创新时，相关部门通常会预先公告，并通过提供样题、模拟考试等方式帮助考生逐步适应新的考查形式。因此，学生应当积极利用历年真题和模拟测试，深入研究，以了解命题趋势、调整答题策略，从而在备考过程中做到心中有数，有的放矢。

□ 答题要处理好关系

我认为，考试是建立在"关系"之上的。以中、高考散文阅读为例，考生在答题时，就需要分别解决好自己与作者、命题人和阅卷人之间的关系。

1. 与作者的关系

中、高考散文阅读偏重于抒情类或议论性的散文文体，文化内涵较丰富。命题人与考生之间能够实现对话的连接点在于文章的中心与主题。每一篇文章均有其写作目的，这个目的就是作者要向读者阐发的主要观点或中心思想。为了达到这个目的，作者就要选取素材作为表达的载体，通过谋篇布局进行结构安排，运用修辞手法以增强文采与表达效果。命题人设计的内容概括、句子理解、作用分析、手法赏析等题型，都是对写作技巧层面的考查，考生的任务就是要找到作者想要表达的中心思想（这恰恰也是命题人命题的出发点），从而在答题时紧扣中心思想，围绕中心思想组织答案。

2. 与命题人的关系

阅读文章时，处理好与作者的关系后，考生就要开始审题，此时就要开始与命题人"打交道"了。审题时圈出关键词是基本的答题习惯，但这还远远不够。考生要明白，命题人的命题类型（题型）、考查内容与"陷阱"设置是有规律可循的，从这个角度来说，历年真题的价值就不言而喻了。

以语文、英语的阅读选择题为例，干扰项的构造手法往往涵盖诸如张冠李戴、偷换概念、以偏概全、因果倒置、断章取义、无中生有等。学生应当借助真题与高质量的模拟题反复练习，提升自己快速且准确辨识这些误导手法的能力。通过这一过程，从多样化的题目中抽象出通用原则，锻炼分类归纳的思维技巧，这正是考生要与命题人"处理好关系"的目的与意义所在。

3. 与阅卷人的关系

在面对试卷评判时，核心在于考生要洞悉阅卷人评分标准的本质，这实际上涉及两个关键方面：文科答案的多维度与条理性，以及理科解题步骤的严谨与精确。评卷过程中，阅卷人会特别注重哪些要素？

对于文科题目，特别是那些分值较高的题目，阅卷人往往会寻找多个采分点以评估考生的综合理解与分析能力。这意味着，考生的回答不仅要有深度，还需展现出思维的广度与条理性，即在有限的答题空间内，能够条理清晰地列出两个或以上的分析角度，体现逻辑的周密。简而言之，阅卷人期待看到层次分明、论证充分的答案结构。

至于理科，评分标准则侧重于解题步骤的规范完整与计算结果的准确无误。每一个运算步骤都应清晰地展示逻辑推导过程，如果缺失关键步骤，即使最终答案正确，也可能导致失分。因此，考生在解答时，每一步推导都须严谨有序，确保阅卷人能跟随考生的思路顺畅验证。

我个人参与高考语文阅卷的经验证实了这一点。有的考生字迹工整、答题区域写得满满当当，但如果答案缺乏清晰的逻辑结构，或者只有一个采分点，就难以取得高分；相反，有的考生虽然答题简练，三行的答题区间仅用了一行半，却因完整地写出了三个清晰、合理的论述点而获得满分。这样的鲜明对比，凸显了学生在备考中培养良好的答案组织能力和对评分标准深入理解的重要性。

□ 学会"修改"参考答案

在日常学习中，有的老师讲评试卷时会按照试卷答案来讲评，许多学生也会匆匆划掉自己未得满分的回答，盲目照抄所谓的"参考答案"（以前叫"标准答案"），这种机械式的讲评与修正方法往往收效甚微。

首先，"参考答案"是由命题人拟定的，其逻辑和用词具有命题人思维的独特性，并非唯一正确的表达方式。不同的命题人可能采用截然不同的表述逻辑与用词，因此，学生应当学会批判性地审视并调整"参考答案"，使之既契合个人的逻辑推理路径，又能全面覆盖采分点，确保得分最大化。

其次，学生不应轻易摒弃初始的回答，因为它真实反映了自己的解题思路与理解程度。学生运用参考答案的正确策略是，在自我作答的基础上，细致分析遗漏或偏差之处，针对性地补充或优化答案内容，使之既保留个人特色，又不失严谨性和完整性，从而真正实现解题能力的提升。

我们不妨看一道中考诗歌鉴赏真题及其参考答案。

考试题目：

孟浩然《春晓》中"夜来风雨声，花落知多少"，与《己亥杂诗（其五）》中"落红不是无情物，化作春泥更护花"都写到了落花。请简要说明两位诗人分别借"落花"表达了怎样的情感。

参考答案：

《春晓》中，诗人通过联想：昨夜我在朦胧中听到一阵风雨声，不知现在庭院里盛开的花儿被摇落了多少呢？用"花落知多少"表达诗人对于春光流逝的淡淡哀怨以及无限遐想。《己亥杂诗》中，"落红"本指脱离花枝的花，诗人以"落红"自喻，以"落红护花"生动形象地表达自己虽然辞官，但仍会关心国家前途和命运，体现出作者的奉献精神。

参考答案结构严谨，逻辑严密，文采斐然。但如果学生只是将其照抄到自己的试卷上，并不会对自己的答题水平有太大的提升效果。面对这道中考诗歌鉴赏题，学生应当超越单纯复制参考答案的层面，深入理解并个性化地组织答案。以下是我作为语文教师，对分析答题思路与对原参考答案的优化建议，旨在引导学生更好地掌握答题技巧。

1. 深入理解题意。 首先明确，题目要求是通过对比两首诗中

"落花"的意象，分析两位诗人各自表达的情感。因此，答题时应先展现对命题意图的精准把握，即认识到比较分析"落花"意象背后的情感差异与表现手法是核心。

2. 综合对比分析。 在具体分析时，融入诗歌的意境描绘、创作背景和诗人生平，使答案更加饱满。例如，《春晓》中的"花落知多少"，不仅要解释为诗人对春逝的惋惜，还可提及它唤起对宁静清晨与前夜风雨的对比，增添画面感；而对《己亥杂诗》的分析，可进一步联想到龚自珍身处的时代背景和个人仕途的转折，强化其以"落红"自比，寓含的不仅是对国家的忧虑，也是对自我价值的重新定位。

3. 构建答题框架。 这是明确答题步骤的环节。

① 手法识别：明确指出《春晓》采用的修辞手法是通过自然景象引发联想，《己亥杂诗》则采用了"落红护花"的拟人修辞。

② 手法作用：阐释这些手法如何增强了诗歌的表现力，如《春晓》的含蓄表达增加了哀而不伤的情感深度，《己亥杂诗》的拟人化表达则使诗人的情怀显得更为生动且富有牺牲精神。

③ 情感表达：具体阐述两首诗分别传了何种情感，如《春晓》的淡泊哀愁与《己亥杂诗》的深沉爱国情操。

4. 组织修改答案。 基于以上分析，考生已经基本形成了解题的思路，接下来可以按照逻辑组织答案。

在《春晓》中，孟浩然巧妙运用清晨醒来对夜间风雨的回

想，以及对落花数量的不确定想象，营造了一种静谧而又略带哀
愁的氛围，细腻地表达了诗人对春天易逝的惋惜与淡淡的忧思。
而《己亥杂诗》中，龚自珍以"落红"自喻，采用拟人化的"落
红护花"意象，生动展现了自己虽已离官远去，但仍心系国家命
运、愿为国家繁荣默默奉献的深厚爱国情感。通过对比分析，我
们不仅看到了"落花"作为传统诗歌意象在不同情境下的情感承
载差异，也领略了两位诗人各自的独特艺术表现力。

巧设挑战：让孩子在体验中学会探索

方法 32

　　在一节小学三年级的数学课上，老师要讲授两位数乘以一位数
的乘法。老师要讲的例题是"蚂蚁做操"（见图 5-6），例题中画了 4
排蚂蚁，每排 12 只。老师首先抛出问题：请大家看一共有多少只蚂
蚁在做操呢?

图 5-6　蚂蚁做操

后排一名男生立刻高高地把手举起来："老师，我知道！"然后跑到讲台上，迅速列出乘法竖式：

$$
\begin{array}{r}
1\quad2 \\
\times\quad\quad4 \\
\hline
4\quad8
\end{array}
$$

写完，他自豪地说："两位数乘以两位数我也行！"随即带着满足的笑容返回了座位。显然，这节课的教学内容对他而言已不是新鲜事，因为课外的提前学习让他对此驾轻就熟。然而，这样的"超前"却并未转化为课堂上的积极投入。整节课中，这位学生显得漫不经心，四处张望，显然心思已不在当前的学习上，白白浪费了一堂课的宝贵学习机会。

不少家长提倡超前学习，利用假期、周末时间找辅导教师提前教孩子学习学科新内容。他们认为这样可以让孩子更轻松自如地应对课堂内容，殊不知，孩子的超前学习可能仅仅是掌握了相关知识与解题的技能，并没有真正提高学科的素养和思维。超前学习也可能导致孩子盲目自信，忽视课堂学习参与和基础知识的巩固。这个孩子在课堂上不再听讲、不再思考的表现，也应该是家长始料未及的吧。

需要明确的是，孩子的提前预习并不等同于上辅导班的超前学习，两者之间存在本质区别：提前预习是孩子的主动行为，是通过运用旧知识来解决新问题的思维过程，具有较强的思维能动性；而辅导班更注重传授知识，满足家长和学生提高考试分数的需求，侧重于教授解题技巧，不会像学校课堂教学那样注重循序渐进地培养学生的思维模式、互动交流、探究质疑等学科素养。

无论孩子是否超前学习，我们都要注意激发孩子在课堂上的学习兴趣与深度参与，引导他们在主动探究中提升自己的思维水平与核心素养。

□ 新问题转化为已会的知识

教育部发布的《义务教育课程实施方案（2022 年版）》更加强调"聚焦中国学生发展核心素养"。

以数学学科为例。根据《义务教育数学课程标准（2022 年版）》，数学课程要培养的学生核心素养主要包括三个方面：

（1）会用数学的眼光观察现实世界。在义务教育阶段，数学眼光主要表现为：抽象能力（包括数感、量感、符号意识）、几何直观、空间观念与创新意识。

（2）会用数学的思维思考现实世界。在义务教育阶段，数学思维主要表现为：运算能力、推理意识或推理能力。

（3）会用数学的语言表达现实世界。在义务教育阶段，数学语言主要表现为：数据意识或数据观念、模型意识或模型观念、应用意识。

　　所以，我们不能让孩子只停留在掌握知识点的层面，更要注重培养孩子的思维能力和问题解决策略等数学核心素养。我们可以通过以下方法引导他们将新问题转化为已有的知识体系，以此激发他们参与课堂的积极性和主动性。

1. 培养数学眼光：抽象与直观并重

　　例如对于"蚂蚁做操"那道例题，我们可以将具象的"蚂蚁"抽象为简单的几何形状（如圆点或方块），这是从具体到抽象思维转换的关键一步。"如果我们把每只蚂蚁想象成一个圆点，那么你能用点子图表示出蚂蚁做操的情景吗？"通过这种方式，可以在训练孩子符号意识的同时，帮助他们建立起数学模型的概念。

2. 锻炼数学思维：推理与运算并举

　　利用点子图，可以鼓励孩子探索不同的排列方式来表示问题，如解法一点子图（见图 5-7）和解法二点子图（见图 5-8）。

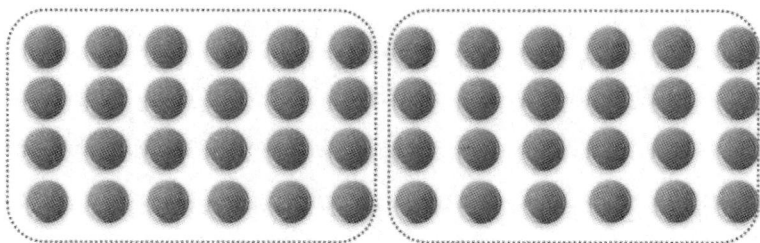

图 5-7　解法一点子图

解法一：把点子图分成相等的两部分。每部分共 4 行，每行共 6 个，4×6=24，24+24=48。

图 5-8　解法二点子图

解法二：4×10=40，40+8=48。

通过对点子图的观察与思考，学生就能更加直观地把问题转化为已有的知识，比如加法、个位数乘法等，通过逻辑推理探索不同的解题路径。同时，鼓励孩子用语言清晰表达自己的推理过程，强化运算能力和推理意识，如："如何快速判断点子总数？""能否通过点阵发现规律？"

3. 强化学术语言：模型构建与应用

在解题过程中，孩子要尝试将"蚂蚁做操"问题构建为数学模型，如建立"每行蚂蚁数 × 行数 = 总数"的公式模型，随后，用数学语言描述解题思路，强化数据观念和模型意识。可以思考情境模拟，将模型应用于解决其他类似问题，提升应用意识。

4. 激发主动探索：多元解法与反思

孩子还要不断地问自己：还有没有其他算法？突破思维局限，让思维越用越灵活。在课堂上也要引导孩子积极分享发现的不同解题方法，并讨论每种方法的优势和适用条件。通过比较分析，孩子不仅能深化对乘法运算的理解，还能学会如何根据具体情况选择最优解法。

这种一题多解的思路探索，对孩子来说是非常重要的思维训练。甚至，就算有的孩子提出从头数到尾，用数数的方法解决"一共有多少只蚂蚁在做操"这个问题，也是数学思维。因为，数数是数字最本原的东西，是数字概念的基础，也是最基本的数学技能，儿童正是通过数数来理解数字的顺序、间隔和基数概念的。

5. 实践与理论结合：从具体到抽象再到具体

将数学问题与学生的日常生活联系起来，如计算班级排队人数、图书摆放等，可以让学生在解决实际问题中体会数学的价值。

华罗庚曾经说过："复杂的问题要善于'退'，足够的'退'。'退'到最原始而不失重要性的地方，是学好数学的一个诀窍。"所以，孩子在遇到更复杂，难以理解的问题时，可以把复杂的问题倒退到最简单、最原始的问题，以获得启发，进而找到解决问题的途径。

比如计算多边形的面积都是把一个未知的图形转化为孩子已知的基本图形，有的是直接转化，有的是旋转对称后再转化。

通过"退"到简单问题再逐步深入的方式，帮助孩子理解复杂问题的解决策略，实现从理论到实践，再从实践反馈到理论，形成一个不断循环和提升的学习过程。

6. 反思与成长：培养元认知能力

每次探索后，教师都应组织学生进行小组讨论或个人书面反思，思考"我用了哪些数学思维解决问题？""我还可以怎样改进我的解题策略？"这样的问题，旨在培养学生自我评价和自我调整的能力，促进其元认知的发展。

这样不断启发孩子追根溯源，通过对问题的持续发问，厘清知识的前后逻辑关系，进而做出自己的解释和总结，即对规律、共性的总结，是训练孩子"多题归一"的概括归纳思维。这些问题的提出、思考与总结，对孩子的价值要远远超出教师直接的讲授。

通过这些方法论的应用，教师不仅教授了具体的数学知识，更重要的是培养了学生的数学核心素养，为他们未来的学习和生活打下坚实的基础。

□ 借助挑战激发孩子高效学习

在追求高效学习的道路上，对于那些已经具备一定基础、提前学习过的孩子而言，引导他们将学习过程视为一场充满挑战的探索之旅，无疑能极大地激发他们的学习潜能和兴趣。以下是教师针对这类学生进一步细化的高效学习策略。

1. 挑战教师——深度参与

① 预习预测：鼓励孩子在课前进行深度预习，不是仅浏览教材，而是尝试预测教师将要讲授的重点和难点，甚至尝试自己编写教学大纲。这样，孩子在课堂上就能带着问题和预设方案与教师互动，提出自己的见解或疑惑，促使课堂讨论更加深入，学习效率倍增。

② 主动提问：教导孩子在听课时，不仅要听懂表面知识，还要思考背后的原因和应用情境，主动向教师提出有深度的问题。通过这种"师生共探"的模式，孩子能更深层次地理解知识，同时也能促进教师对课程的优化和个性化指导。

2. 挑战自我——持续拓展

① 设定目标：引导孩子根据自身情况设定略高于当前水平的学习目标，如解决更难的数学问题、自学新概念等，让他们利用已有的知识作为跳板，不断挑战自我极限，实现自我超越。

② 自主探究：鼓励孩子通过网络资源、图书馆或参加兴趣小组等方式，自主探究更广阔的知识领域，将所学知识与实际问题结合，进行应用性的探索和实践。

3. 挑战优秀同学——相互激励

① 建立社群：倡导孩子与班级中的优秀同学建立学习小组，定期交流学习心得、解题技巧，甚至共同参与项目研究。在合作与竞争并存的氛围中，孩子们可以从同伴那里获得灵感，激发自己的潜能。

② 模仿超越：鼓励孩子观察并学习优秀同学的学习方法和态度，理解他们取得成功的要素，并在此基础上寻找适合自己的独特学习路径，力求在某些方面实现超越。

4. 利用碎片时间与保持专注

① 微学习计划：要想提高课堂学习效率，还需要注意抓住零碎的时间。上课时，学生有很多思考的时间，但这些时间往往是由很多"小块"构成的。因此，学会在这些短暂的时间段内进行快速复习课堂笔记、进行单词记忆或解决一道小题目是学生提高学习效率的关键。

② 注意力训练：在课堂上，学生保持良好的注意力是非常重要的。自言自语（在心里默念一遍）是保持注意力的一种有效方法，

此外，不断地提出问题、与小组同学交流探索、关注其他同学的收获和疑问等，都是学生让自己集中注意力的常用策略。孩子在家学习时，家长还可以引入定时专注法，如设定 25 分钟全神贯注学习，之后休息 5 分钟，重复此循环，即所谓的"番茄工作法"，帮助孩子提高专注力和学习效率。

陈鹤琴在《家庭教育》中写道："让儿童自己去探索，去发现，这样所求来的知识才是真知识，所发现的世界才是真世界。"将学习变成一次自我探索和发现的旅程，这才是学习的本质。在这样的学习过程中，孩子是否进行超前学习不再是一个焦点问题，因为每个孩子都在按照自己的节奏，以最有效的方式学习和成长。

打造家庭图书角：让终身阅读成为习惯

方法 33

培养孩子静心沉浸于书本的世界，无疑是一项充满挑战的任务。除了电子产品，密集的课外辅导课程进一步蚕食了孩子们宝贵的阅读时光。

□ 孩子阅读环境的挑战

在知识型社会与信息时代的背景下，信息技术极大地改变了人们获取知识的渠道和方式。移动互联网作为信息流通的主要载体与媒介，推动了碎片化、即时性和定制化学习模式的盛行，使之成为我们吸收新知的主要形式。

但与此同时，技术媒介如同"影子家长"，暗中影响着儿童的价值观与行为模式的现状也更加突出，父母在孩子的成长教育中的直接影响力被削弱。

与之相应的另一种现实是，家长们往往因工作繁忙，将职场压力延伸至家庭，在家中也常常不断地打电话、处理工作事务。有时候家长在外忙了一天，晚饭后就歪在沙发上，一边刷手机放松，一边命令孩子："作业写完了吗？读会儿书去！"这种情况下，孩子们很难在缺乏积极榜样与专注氛围的家庭环境中培养起对阅读的热爱。

因此，重申家庭阅读环境的重要性，意味着家长需要重新审视自己的行为模式，减少工作对家庭生活的渗透，通过身体力行，如共同阅读、设定技术使用的界限等措施，来营造一个鼓励深度阅读和有意义地交流的家庭氛围，从而有效应对数字时代对传统家庭教育的冲击。

□ 培养孩子终身阅读的习惯

培养孩子终身阅读的习惯，像是为孩子的心灵打开一扇窗，让他们的心智更成熟，视野更宽广，胸襟更豁达。

苏联教育家苏霍姆林斯基在《给教师的建议》一书中说："如果你想有充裕的时间，那你就要每天读书。读与你喜爱的学科（你的选修课）有关的科学著作，要每天读，哪怕一天读两页也行。你所读的这一切，就是你的学习的智力背景。这个背景越丰富，你学习起来就越轻松。你每天读得越多，你的时间的后备就越多，就会拥有更多自由的时间。因为在你课外阅读涉猎的内容，有千万个接触点，是跟课堂上所学的教材相通的。"

我经常向教师和家长强调，若教育只能致力于一件事，便是阅读。一个缺乏阅读习惯的孩子，纵使成绩再优异，本质上也不是优秀的人才。青少年时期是培养阅读习惯的黄金时段，这个习惯一旦养成，会让孩子终身受益。

因此，在学校层面，我组织全校教研组跨学科合作，精心策划了一至九年级的分级阅读书单，为每个班级精心打造了特色图书角，配备了涵盖广泛学科、类型丰富的图书，这些图书按照难易程度与学生认知发展顺序精心排列。

我们还在走廊、门厅等公共区域提供座椅和图书，让图书触手可及；开设阅读课程，设计阅读笔记，开展主题阅读、读书交流等活动；甚至把蒙古包搬到图书馆，与作家、文化艺术专家互动，开展"何以草原"的沉浸式阅读体验。

在家庭层面，我们积极倡导家长与孩子携手共建家庭阅读角，并启动了"书香满家园"评选活动，对表现突出的家庭授予"最美书香家庭"荣誉奖，这一奖项成为众多家庭引以为豪，并乐于向亲朋展示的家庭荣耀。通过这些举措，我们致力于在校园与家庭之间搭建起一座桥梁，共同培育孩子热爱阅读、终身学习的优良品质。

为了更好地打造家庭阅读角的氛围，家长可以与孩子共同商定每日特定的阅读时段，比如晚上 8 点，全家人会聚在书桌旁或餐桌边，共享 20 分钟的阅读时光。在这段时间里，全家人可以共读一本书，也可以各自选择自己喜欢的图书。最后 5 分钟进行读书交流，每个人都用简洁的语言向其他人介绍自己读的内容，谈谈自己从中得到的启发与思考。其他人也可以追问，展开相关问题的讨论。这样的交流互动不仅拉近了家人的心理距离，还有效提升了孩子们的阅读热情。

相较于仅在假期或任务驱动下的集中阅读，培养稳定的阅读习惯更为宝贵。读书的目的不在于快和多，应摒弃功利心态，而致力于从书籍中吸取知识与精神的养分，实现与古今中外智者跨越时空的心灵对话。

就如樊登所言，读书是一辈子的事。

要培养孩子良好的阅读习惯，家长的责任至关重要。家长需要陪伴孩子一起阅读、交流，毕竟，行胜于言。在一次坐飞机的旅程中，我注意到满座的旅客中，只有我们一家三口的读书灯是开着的——我们习惯抓住每个可以阅读的时间，孩子自然也就养成了这样的习惯。我所期待的是，当孩子们有闲暇时，他们会下意识地翻开一本书，而不是拿起手机。

陪伴孩子终身成长是父母一生的课题

一切教育的开始，都源自家长和教师对孩子的关注和看见。这要求我们从心底认识到，每个孩子都是潜力无限、待绽放的花朵，需要家庭与学校携手，浇灌以爱与智慧，将他们培养成具备独立的思维、丰富的情感和创新能力的孩子。家校合力，不仅仅是一种策略上的结合，更是一种心灵上的契合。在这一路上，我们需要特别关注孩子的自我认同感、创造力的激发，以及个性化的成长需求。

在孩子成长的每一个阶段，我们都要以平等、理解和支持的态度与他们同行。在婴儿期，父母的任务是为孩子提供一个安全、健康、充满爱的环境；学龄期，父母转变为辅导者和顾问的角色，引导孩子学会学习、处理人际关系和管理情绪；青春期，父母则需要有更多的耐心和对孩子的理解，允许孩子犯错，以便他们从中学习。孩子成年后，父母要尊重孩子的独立，与他们建立成熟平等的关系。

在这一过程中，作为父母的我们可能会遗漏一些细节，比如在孩子需要更多自主性时过度干预，或在孩子需要指导时给予过多自由，我们需要不断反思和调整自己的教育方式，确保我们的行为与孩子的成长需求相匹配。

在未来，我们可能会更加关注如何利用人工智能等技术助力孩子的学习，同时保持人类情感和道德指引的重要性，也会继续探索如何在快速变化的社会环境中，为孩子提供稳定而灵活的教育支持。

对于孩子的品格教育、财商启蒙、生活技能训练及全球视野的培养，也应成为今后教育关注的重点。在快速变化的世界里，教会孩子如何学习比学习本身更为重要，要让他们具备终身学习的能力，以适应未来的不确定性。

总之，陪伴孩子成长是对我们智慧和情感的双重考验，它要求我们不断学习、适应与创新，给予孩子最坚实的支持。这不仅是一份责任，更是一种幸福，因为它使我们有机会参与一个生命的奇迹，共同绘制出一幅幅多彩的人生画卷。在这一路的陪伴中，我们见证的不仅仅是孩子的成长，更是作为父母和教师的自我超越与生命价值的深化。

参考文献

1. 陶行知. 生活即教育［M］. 武汉：长江文艺出版社，2021.

2. 刘彭芝. 人生为一大事来［M］. 北京：高等教育出版社，2004.

3. 樊登. 陪孩子终身成长［M］. 北京：中国友谊出版公司，2020.

4. 樊登. 读懂孩子的心［M］. 北京：中国友谊出版公司，2022.

5. 万维钢. 学习究竟是什么［M］. 北京：新星出版社，2020.

6. 林紫. 给孩子一生的安全感［M］. 上海：上海三联书店，2023.

7. 万玮. 教师的五重境界［M］. 北京：中国人民大学出版社，2015.

8. 孙维刚. 孙维刚谈立志成才：全班55% 怎样考上北大清华［M］.
   北京：北京大学出版社，2018.

9. 周国平. 周国平论教育［M］. 上海：华东师范大学出版社，2015.

10. 陈之华. 芬兰教育全球第一的秘密［M］. 北京：中国青年出版
    社，2016.

11. 艾萨克森. 埃隆·马斯克传［M］. 孙思远. 刘家琦，译. 北京：
    中信出版集团，2023.

12. 利特尔，埃里森. 如何让孩子爱上学校［M］. 顾远，马鸣燕，
    译. 杭州：浙江教育出版社，2022.

13. 施瓦茨，曾，布莱尔. 科学学习：斯坦福黄金学习法则［M］. 郭
    曼文，译. 北京：机械工业出版社，2020.

14. 池谷裕二. 考试脑科学：脑科学中的高效记忆法 [M]. 高宇涵，译. 北京：人民邮电出版社，2019.

15. 费曼. 发现的乐趣 [M]. 朱宁雁，译. 北京：北京联合出版公司，2018.

16. 圣吉. 第五项修炼：学习型组织的艺术与实践 [M]. 郭进隆，译. 上海：上海三联书店，1998.

17. 费尔德曼. 发展心理学 [M]. 苏彦捷，邹丹，等译. 北京：世界图书出版公司，2013.

18. 苏霍姆林斯基. 给教师的建议 [M]. 杜殿坤，译. 北京：教育科学出版社，1984.

19. 怀特海. 教育的目的 [M]. 艾文，译. 北京：台海出版社，2022.

20. 布朗等. 认知天性 [M]. 邓峰，译. 北京：中信出版集团，2022.

21. 沃恩. 夏山学校的百年故事 [M]. 沈兰，译. 北京：教育科学出版社，2015.

22. 比达尔夫. 养育男孩 [M]. 丰俊功，宋修华，译. 北京：中信出版集团，2019.

23. 尼尔森. 正面管教 [M]. 玉冰，译. 北京：京华出版社，2009.

24. 陈鹤琴. 家庭教育 [M]. 上海：华东师范大学出版社，2013.

25. 埃克苏佩里. 小王子 [M]. 姚文雀，译. 北京：新世界出版社，2007.

26. 莫言. 会唱歌的墙 [M]. 杭州：浙江文艺出版社，2021.

27. 卢森堡. 狱中书简 [M]. 傅惟慈. 译，北京：商务印书馆，2020.

28. 多诺万 .TED 演讲的秘密：让公开表达成为你的核心能力 [M].

冯颢 . 安超，译 . 北京 . 中信出版集团，2023.

29. 怀特海 . 教育的目的［M］. 张佳楠，译 . 北京：教育科学出版社，
2020.

30. 项目 . 有边界感的妈妈，不用督促的孩子［M］. 北京：人民邮电
出版社，2023.